D1943385

DUDEN

Sprachbuch 2

Herausgegeben von
Professor Dr. Hartmut Günther

Erarbeitet von
Britta Buchholz, Helga Eichhoff,
Gundula Feller, Birgit Helfrich,
Ellen Kuhrt, Simone Scheuer,
Annette Scholing-Grunert

DUDEN PAETEC Schulbuchverlag
Berlin, Frankfurt a. M.

Inhaltsverzeichnis

 Partnerarbeit

 Gruppenarbeit

 abschreiben

 nachschlagen

 nachschauen

 Partnerdiktat

 Schleichdiktat

- festigende Aufgaben
- Grundaufgaben
- Aufgaben mit erhöhtem Schwierigkeitsgrad
- Knobelaufgaben/hoher Schwierigkeitsgrad

Herzlich willkommen in Klasse 2

Hallo!

Ich heiße Lexi und freue mich auf dich.
Vielleicht hast du meine Abenteuer in Klasse 1
schon gelesen?

Wir lernen zusammen und
machen viele spannende Sachen.

Wir untersuchen Wörter und Sätze.

Wir lernen richtig zu schreiben.

Wir erzählen.

Wir schreiben Briefe und Geschichten.

Wir schlagen Wörter nach.

Abc

1 Wo begegnet dir das Abc? Erzähle.

1 Finde Spielregeln für diese Abc-Spiele.

2 Verdecke mit einem Finger einen oder mehrere Buchstaben der Abc-Reihe. Dein Partner sagt, welche Buchstaben du verdeckst. Wechselt euch ab.

Das Abc

ABCD	Lexi juckt der Zeh.
EFGH	Lexi ist schon da.
IJKL	Lexi rennt ganz schnell.
MNOP	Lexi schwimmt im See.
QRST	Lexi trinkt gern Tee.
UVWX	Lexi ist ganz fix.
YZ	Lexi geht ins Bett.

Info

Das **Abc** nennt man auch **Alphabet.**
Das ist ein altes griechisches Wort.
Alpha (α) und Beta (β) heißen die ersten beiden Buchstaben im griechischen Abc.

A B _ D E F _ H I _ K L M _ O P _ R S _ U V W _ Y _

1 Wie heißen die verdeckten Buchstaben?
Schreibe so: ABCD…

H _ _   _ _ Q   E _ _   _ V _

_ M _   _ _ S _   _ F _   _ J _ L _

2 Wie heißen die verdeckten Buchstaben? Schreibe so: HIJ, …

3 Denke dir selbst so ein Rätsel aus. Schreibe es auf.
Tausche es mit einem anderen Kind.

Wörter finden und ordnen

1 Ordne die Sachen nach dem Abc.

Susi | Stefan | Sonja | Sabine | Simon | Sebastian

2 Ordne die Namen nach dem Abc. Schreibe so: Sabine, …

3 Ordne die Namen der Kinder deiner Klasse nach dem Abc.

Wörter in der Wörterliste finden

Sprich dir das Wort deutlich vor. Überlege, mit welchem Buchstaben das Wort anfängt.

Überlege, an welcher Stelle der Buchstabe im Abc steht.

Suche die richtige Seite.

Beachte den zweiten Buchstaben und finde das Wort.

4 Auf welcher Seite stehen die Körperteile in der Wörterliste? Schreibe so: Mund – Seite 119, …

Richtig abschreiben

In jedem Kapitel gibt es einen Kasten mit wichtigen Wörtern. Wenn du die Wörter übst, dann wirst du ein Schreibprofi.

W

alle
anrufen
finden
Kind
Klasse
Liste
nach
ordnen
schnell
unser
vor
wollen

So kannst du Wörter üben:

Abschreiben

Lies ein Wort und sprich es mit.
Achte dabei auf schwierige Stellen.
Merke dir das Wort gut.

Fotografiere das Wort mit den Augen.
Decke das Wort ab.
Jetzt ist es in deinem Kopf gespeichert.

Schreibe das Wort aus dem Gedächtnis auf.

1 Schreibe die Wörter aus dem Wörterkasten ab.
Achte auf schwierige Stellen.

Überprüfen

Decke das Wort wieder auf.

Überprüfe, ob du alle Buchstaben richtig geschrieben hast.
Achte wieder auf schwierige Stellen.

Verbessern

Findest du einen Fehler, unterstreiche ihn.

Jetzt schreibe das Wort richtig auf.

1 Überprüfe jetzt die Wörter aus dem Wörterkasten in deinem Heft. Verbessere die Fehler.

2 Welche Stellen möchtest du dir besonders merken?
Schreibe die Stellen farbig nach, die du besonders schwierig findest.
Schreibe so: alle, …

Merke

Richtig abschreiben heiβt:
abschreiben, überprüfen und verbessern.

3 Finde die Wörter in der Wörterliste. Schreibe sie richtig ab.

Abc

Selbstlaute

1 Welche Buchstaben fehlen? Schreibe sie auf.

Merke

a, e, i, o, u sind besondere Buchstaben.
Sie heißen **Selbstlaute.** Man nennt sie auch **Vokale.**

 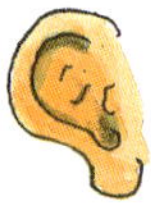  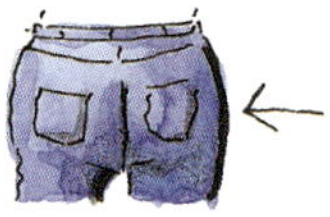 

M_nd _hr K_pf P_ _rm

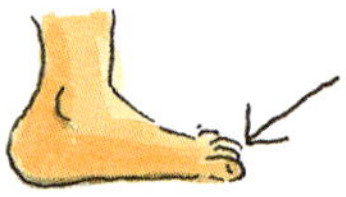 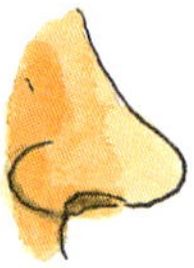  

Z_h_n N_s_ F_ng_r H_ _r_

2 Welche Selbstlaute fehlen? Schreibe die Wörter auf.
Schreibe so: Mund, …

3 Welche Wörter stehen in der Wörterliste nach diesen Wörtern?
Schreibe so: Muschel, …

D_s _bc k_nn _ch _m Schl_f. _nd d_?

4 Wie heißt der Satz? Setze die Selbstlaute aus der Kiste ein.

5 Schreibe deinen Namen auf. Schreibe die Selbstlaute farbig nach.

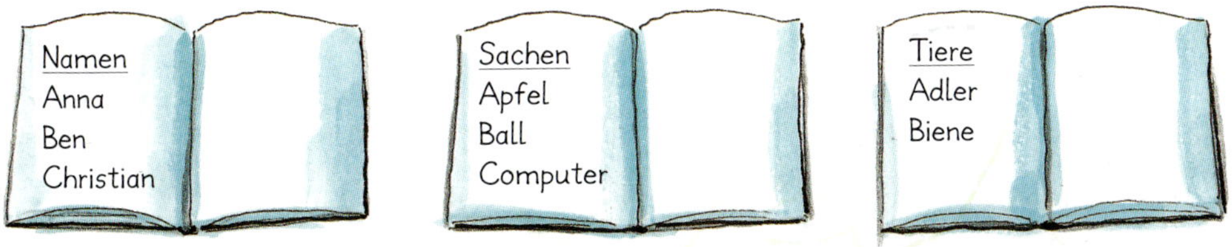

1 Schreibe dein eigenes Abc. Die Wörterliste hilft dir.

2 Spielt das Stoppspiel.

3 Stellt euch Rätselfragen. Schlagt in der Wörterliste nach.

Affe Hund Kind Löwe Nashorn Ente Storch Zoo

4 Ein Wort ist nach dem Abc falsch sortiert. Schreibe es auf.

Banane Blume Birne	Kopf Kind Katze	Sonne Suppe Sand

5 Ordne die Wörter nach dem Abc. Achte auf den zweiten Buchstaben.

Unsere Liste
Ich will ein Kind aus meiner Klasse anrufen.
Wir haben eine Liste mit allen Namen.
Sie ist nach dem Abc geordnet.
So finde ich den Namen schnell.

6 Schreibe den Text richtig ab. Überprüfe und verbessere ihn auch.

Ich und die anderen

1 Auch du bist besonders. Schreibe eine Rätselkarte über dich.

1 Spielt das Rätsel in eurer Klasse.

2 Nach dem Spiel könnt ihr eure Karten aufhängen.
Findet Gemeinsamkeiten.

Ich schreibe von mir

Paul liest aus seinem Erlebnisheft vor:

> In der Pause gab es diese Woche
> schon wieder Streit um den Ball.
> Ich würde viel lieber friedlich mit
> der Nachbarklasse zusammen spielen.

Laura schreibt in der Klassenpost:

> Heute war es in der
> Leseecke viel zu laut.
> Ich musste denselben Satz
> mehrmals lesen.
> Ich wünsche mir eine
> Stilleregel für die Leseecke.

Niko sammelt Wörter mit dem Anfangsbuchstaben seines Namens.

1 Schreibe ein Erlebnis oder einen wichtigen Gedanken von dir auf.

2 Suche in der Wörterliste Wörter, die mit dem gleichen Buchstaben anfangen wie dein Vorname. Schreibe sie auf.

Info

Wichtige Erlebnisse und Gedanken kann man für sich selbst in ein Heft oder Buch schreiben, damit man sich daran erinnert. Das nennt man **Tagebuch.** Viele Menschen machen das seit langer Zeit. Das kannst du auch tun.

Wir schreiben für uns und andere

Die Klasse 2 hat diese Vereinbarungen getroffen:

In der sind wir ganz still.

Beim darf jeder mitspielen.

Im Klassenkreis spricht das Kind, das einen oder einen in der Hand hält.

Am Ende der Pause räumen wir die und die zurück in die .

Leseecke Stein Dosen-stelzen Fuβball Springseile Kiste Ball

1 Setze die passenden Wörter ein. Schreibe die Sätze auf.
Schreibe so: In der Leseecke sind wir ganz still.

2 Welche Regeln gelten im Klassenraum und welche auf dem Schulhof?

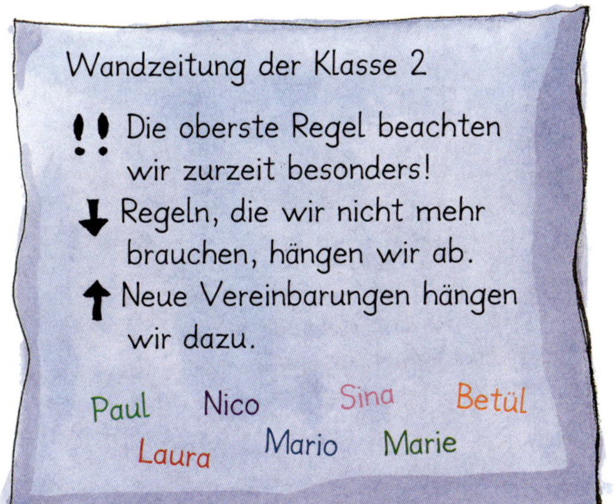

3 Welche Vereinbarungen sind für eure Klasse wichtig? Schreibt sie auf Papierstreifen, malt ein Zeichen dazu und hängt sie auf.

4 Hat eure Nachbarklasse auch Regeln? Vergleicht sie mit euren Regeln.

Einzahl und Mehrzahl

Die Kinder schreiben auf, welche Sachen sie im Klassenraum sehen.

1 Spielt das Spiel in eurem Klassenraum.
Wer kann in der vereinbarten Zeit die meisten Wortkarten richtig schreiben? Die Wörterliste hilft euch.

2 Ziehe eine Karte. Lies das Wort vor.
Dein Partner sagt, wie es heißt, wenn es mehrere davon gibt. Behalte deine Karte.
Wechselt euch ab.

Merke

Wenn du nur von **einem** sprichst, heißt das Wort meistens anders, als wenn es **mehrere** sind. Man sagt dazu **Einzahl** und **Mehrzahl.**
- **Stift** (Einzahl) – **Stifte** (Mehrzahl)

3 Schreibe deine Wörter aus dem Spiel auf.
Schreibe so:

Einzahl	Mehrzahl
Ball	Bälle

4 Ordne deine Karten nach dem Abc.

FischFotosFreundWörterWolkenFischeFotoWortFreundeWolke

5 Ordne die Wörter. Schreibe so: Fisch – Fische, …

Artikel und Nomen

1 Erkläre das Spiel.

2 Spielt das Spiel.
Ihr braucht alle Wortkarten, der die das -Karten und Musik.
Wenn die Musik stoppt, müsst ihr schnell zur passenden Karte der die das laufen. Jeder merkt sich sein Wort gut.
Legt alle Karten in die Kiste zurück. Spielt eine neue Runde.

3 Schreibe deine Wörter aus dem Spiel auf. Schreibe so:

der	die	das
Stift	Dose	Buch

4 Finde zu deinen Wörtern die Mehrzahl. Schreibe sie mit Artikel auf.
Schreibe so: die Stifte, …

Merke

Wörter, für die es eine Einzahl und eine Mehrzahl gibt, nennt man **Nomen** (Namenwort). Zu jedem Nomen gibt es einen passenden Begleiter. Man nennt ihn **Artikel.**

- **der Ball – die Bälle, die Blume – die Blumen, das Kind – die Kinder**

5 Suche in der Wörterliste ein Nomen. Sage es ohne Artikel.
Dein Partner sagt den passenden Artikel.
Vergleiche mit der Wörterliste. Wechselt euch ab.

Großschreibung von Nomen

Heute wollen wir die Klasse aufräumen.
Die Bälle und die Seile kommen in die Kiste.
Die Bücher räumen wir in das Regal.
Die Lehrerin wischt die Tafel ab.
Danach gehen wir zusammen in die Pause.

1. Suche die Nomen.
Schreibe sie richtig ab. Vergiss nicht, zu überprüfen und zu verbessern. Schreibe so: Klasse, …

2. Schreibe den Anfangsbuchstaben farbig nach.

3. Was ist bei allen Nomen gleich?

Merke

Nomen schreibt man mit einem **großen** Anfangsbuchstaben.
- der **O**nkel, die **R**ose, das **S**eil, der **T**ag

4. Lies deinem Partner den Text von Aufgabe 1 langsam vor. Bei jedem Nomen streckt sich dein Zuhörer.

5. Schreibe die Nomen aus dem Wörterkasten in der Einzahl und in der Mehrzahl auf.
Schreibe so: der Ball – die …

W

- Ball
- dann
- darauf
- Dienstag
- Donnerstag
- freuen
- Freund
- groß
- ich
- Name
- Pause
- wieder

T / t raum	L / l eise	K / k atze
N / n icht	T / t raurig	E / e ltern

6. Schreibe die Wörter richtig auf.

Liebe 2 b,
leider ist unser Ball seit Donnerstag weg.
Am Dienstag bringe ich einen Ball mit.
Dann können wir wieder spielen.
Ich freue mich darauf.

Euer Paul aus der 2 a

Partnerdiktat

Suche dir einen Partner.
Jedes Kind liest den Text gut durch.
Achte auf schwierige Stellen. Wer diktiert zuerst?

Lies deinem Partner einen ganzen Satz vor.
Diktiere dann Wort für Wort langsam und deutlich.

Danach diktiert dir dein Partner den gleichen Satz.

Tauscht die Hefte.
Überprüfe den Satz mit der Vorlage.
Unterstreiche die Fehler. Tauscht die Hefte wieder.
Schreibt so das Partnerdiktat bis zum Ende.

Verbessere die Fehler in deinem Heft.

1 Schreibt Pauls Brief als Partnerdiktat.

kind lachen apfel	weinen puppe brot	schule buch klein

2 Hier siehst du nur kleine Buchstaben. Welche Wörter sind die Nomen? Schreibe sie richtig auf. Schreibe so: das Kind, …

3 Finde die Mehrzahl dazu. Schreibe so: die Kinder, …

4 Ordne die Nomen nach dem Abc.

Herbst

1 Erzähle zu dem Bild.

2 Was machst du alles im Herbst?

1 Suche Wörter, die zum Herbst passen.

2 Schreibt jedes Wort auf einen Zettel.
Sammelt eure Zettel an der Pinnwand.

3 Das ist ein Wörterturm.
Suche dir ein Herbstwort aus
und schreibe damit selbst einen
Wörterturm.

Verben

Paul und Laura erleben den Herbst.
Sie erzählen:

Wir	laufen sammeln riechen fühlen sehen	durch Pfützen. bunte Blätter. reifes Obst. die kalte Luft. das feuchte Laub.

1 Stellt als Pantomime dar, was Paul und Laura tun. Die anderen Kinder raten.

Info
Die **Pantomime** ist ein Spiel ohne Worte.

2 Schreibe auf, was Paul und Laura erzählen.
Schreibe so: Wir laufen durch Pfützen.

3 Unterstreiche in jedem Satz das Wort rot, das sagt, was Paul und Laura tun.

Merke

Wörter, vor die man *wir* setzen kann, heißen **Verben** (Tuwörter oder Tunwörter).
- wir **laufen,** wir **lernen**

4 Was können Paul und Laura noch tun?
Suche mindestens fünf Verben. Schreibe sie auf.
Die Wörterliste kann dir helfen.

5 Schreibe in den Verben alle Selbstlaute farbig nach.

6 Was kannst du statt *wir* noch vor die Verben setzen?

Umlaute und Doppellaute (Zwielaute)

1 Schreibe die Nomen in der Einzahl und in der Mehrzahl auf.
Schreibe so: der Vogel – die …

2 Kreise alle Selbstlaute ein.

3 Was hat sich in der Mehrzahl geändert?

Merke

ä, ö, ü sind besondere Selbstlaute. Sie heißen **Umlaute.**
Alle Buchstaben, die keine Selbstlaute (Vokale) sind,
heißen **Mitlaute (Konsonanten).**

größer | kürzer | fängt | Hüte | fällt | Stöcke

4 Finde zu den Wörtern die passenden Wörter mit *a, o, u.*

5 Schreibe deinen Namen auf. Schreibe alle Mitlaute farbig nach.

6 Ordne die Wörter nach *ei, eu* und *au.* Schreibe so:

ei	eu	au
Eichhörnchen	Feuer	Traum

7 Schreibe die Nomen mit *au* in der Mehrzahl auf.
Schreibe so: der Traum – die …

Traube | Auge | Raum | Raupe

8 Wird in der Mehrzahl aus *au* immer *äu*? Die Wörterliste hilft dir.

Der Punkt

Wir kleben einen feurigen Blätterdrachen.

2 Die Blätter pressen wir in dicken Büchern.

4 Wir bestreichen die Pappe mit Kleber.

3 Auf einer Pappe zeichnen wir den Drachen vor.

1 Zuerst sammeln wir bunte Blätter.

5 Die Herbstblätter kleben wir in Schichten auf.

1 Jeder Satz enthält eine Aussage darüber, wie du einen Feuerdrachen kleben kannst. Hilf Lexi sortieren.

Merke

Am Ende eines **Aussagesatzes** steht ein **Punkt.**

- Lexi bastelt einen Drachen**.** Er ist bunt**.**

2 Schreibe die Sätze in der richtigen Reihenfolge auf. Setze an jedes Satzende einen roten Punkt.

3 Suche aus dem Wörterkasten alle Nomen. Der Artikel hilft dir dabei.

W

Apfel
auch
basteln
bauen
brauchen
Drachen
Herbst
heute
Kastanie
Laub
steigen
viel

Satzanfang und Satzende

Mario bekommt von Tom eine E-Mail. Mario kann die E-Mail schlecht lesen und schlecht verstehen.

1. Lies den Text.
   Warum kann Mario den Text schlecht verstehen?

2. Schreibe den Text richtig auf.
   Beginne jeden neuen Satz mit einem großen Anfangsbuchstaben.
   Setze an jedes Satzende einen Punkt.

3. Schreibe Punkte und große Anfangsbuchstaben der Satzanfänge farbig nach.

Merke

Am **Satzanfang** schreibt man groß.
- **D**er Igel rennt weg. **E**r ist schnell.

4. Wie heißt der runde Satz?
   Schreibe ihn in dein Heft.

5. Bilde einen Spaßsatz, an den du dich leicht erinnerst. Etwa so:
   Ein Satz ohne Punkt ist wie der Herbst ohne Blätter.
   Ein Satz ohne Punkt ist wie Geburtstag ohne Kuchen.

Wörter mit ähnlichen Mitlauten

Die Pusteprobe
Zeigt das Blatt *b* oder *p*?

apier insel ild irne
all aket alme leistift

1 *b* oder *p*? Schreibe die Nomen mit richtigen Anfangsbuchstaben auf.

ose isch rachen eckel
raube resor aumen reppe

2 *d* oder *t*? Schreibe die Nomen mit richtigen Anfangsbuchstaben auf.

ras äfer uchen emüse
eschirr atze iraffe iste

3 *g* oder *k*? Schreibe die Nomen mit richtigen Anfangsbuchstaben auf.

Gunter Gans Käfer Karl Bruno Bär Pauline Panther	bringt putzt genießt krault	Krebse. Gummibärchen. Petersilie. Blumen.

4 Wie heißen die Sätze?

5 Schreibe eigene Spaßsätze mit *d* oder *t*.

arten – arten orf – orf abel – abel

6 Wie heißen die Wortpaare?

Die Störche nach Afrika.
Die Igel ins Laub.
Die Eichhörnchen Vorräte.
Die Wildschweine Kastanien und Eicheln.

~~kriechen~~ ~~sammeln~~ ~~fressen~~ fliegen

1 Setze die Verben ein. Schreibe die Sätze auf.

2 Schreibe alle Umlaute farbig nach.

3 Schreibe die Satzanfänge und die Punkte farbig nach.

Schleichdiktat

Lege den Abschreibtext an eine Stelle in der Klasse.

Schleiche zu deinem Text.
Lies dir einen Satz genau durch.
Achte auf schwierige Stellen. Merke dir den Satz gut.

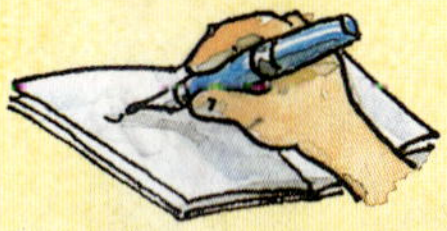

Schleiche zurück an deinen Platz.
Schreibe den Satz aus dem Gedächtnis auf.
Sprich die Wörter leise mit.

Schreibe so den gesamten Text.

Hole den Text leise zu deinem Platz.
Überprüfe und verbessere.

Herbst
Im Herbst fallen bunte Blätter von den Bäumen.
Viele Tiere sammeln Vorräte für den Winter.
Die Kinder basteln mit Kastanien.
Sie bauen Drachen und lassen sie steigen.

4 Schreibe den Text als Schleichdiktat.

Gespenster

1 Was passiert auf Schloss Gruselburg?

2 Wie unterscheiden sich die Gespenster?

3 Zwei Gespenster haben sich versteckt. Wo? Wie sehen sie wohl aus?

1. Lies die Rätsel. Finde die Gespenster.

2. Suche dir ein Gespenst auf dem Bild aus. Schreibe dazu ein Rätsel.

3. Lest euch eure Rätsel vor. Findet die Gespenster in der Burg.

Adjektive

Mein Gespenst ist warm.
Seine Haare sind glücklich.
Es trägt einen Schal. Der ist sehr grün.
Es lacht und ist klein.

1 Ein freches Gespenst hat hier Wörter vertauscht.
Schreibe das Rätsel richtig auf. Schreibe so: Mein Gespenst ist klein.

2 Unterstreiche die Wörter grün, die beschreiben, wie das Gespenst ist.

3 Warum nennt man so ein Gedicht Treppengedicht?

4 Finde eine eigene Zeile. Die Wörter in der Schatzkiste helfen dir.

5 Schreibe dein Treppengedicht auf.

Merke

Adjektive (Wiewörter) sind Wörter, die man zwischen Artikel und Nomen setzen kann. Sie geben an, wie jemand oder etwas ist.
- **klein** – das **kleine** Gespenst

6 Schreibe so: Das Gespenst ist müde.
das müde Gespenst

Silben

Geis ter stun de

Geis ter spu ken durch die Räu me,
schlei chen sich in mei ne Träu me,
schwe ben auf der Burg um her,
trei ben Un sinn, kreuz und quer.

1. Lies das Gedicht mit Gespensterstimme vor.
Du kannst auch dazu klatschen.

2. Welche Boote gehören zusammen?
Schreibe so: spuken, …

3. Schreibe die Selbstlaute farbig nach.
Schreibe so: spuken, …

Merke

Ein Wort kann aus einer oder aus mehreren **Silben** bestehen.
Viele Wörter haben zwei Silben. Jede Silbe braucht einen Selbstlaut.
- **Dach, Kinder, Geisterstunde**

4. Schreibe die Wörter auf. Überprüfe mit der Wörterliste.

5. Setze Silbenbögen und schreibe die Selbstlaute farbig nach.
Schreibe so: Fenster, …

Auslaute

1 Sprich dir diese Wörter vor. Was hörst du am Ende?

2 Bilde nun die Mehrzahl.
Wie hört es sich jetzt an? das  – die 

Merke

Verlängere das Wort, dann hörst du, ob du am Ende ein ***d*** oder ein ***t*** schreiben musst. Bilde zum Verlängern bei Nomen die Mehrzahl.

- das Kin**d** – die Kin**d**er, das Gespens**t** – die Gespens**t**er

Elefan | Wan | Pira | Hem | Freun | Pfer | Bil | Lan | Zel

3 Welches Wort gehört in welche Kiste?

Schreibe so:

d	t
das Bild – die Bilder	

 Köni

 Kor

 Bur

 Sie

4 Auch diese Wörter haben schwierige Stellen.
Finde heraus, wie sie geschrieben werden.

5 Fünf Wörter aus dem Wörterkasten haben zwei Silben. Schreibe sie auf.

W

Burg
dick
erschrecken
Geisterstunde
Gespenst
heißen
klein
neugierig
schweben
spuken
tief
Unsinn

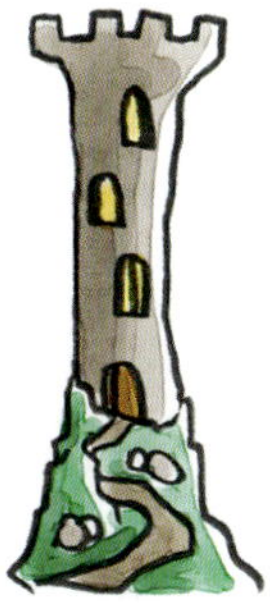

Die Nacht ist dunkel und der Tag ist ,
die Spinne ist langsam und die Fledermaus ist .
Der Bettler ist arm und der Burgherr ist ,
der Stein ist hart und das Kissen ist .

1 Finde die Gegensätze.

2 Schreibe die Gespensterreime auf. Überprüfe mit der Wörterliste.

3 Unterstreiche die Adjektive grün.

4 Finde eigene Gespensterreime.

5 Was passt: *d* oder *t* ? Schreibe so: das Kind – die Kinder, …

6 Schreibe die Namen der Gespenster. Setze Silbenbögen.
Schreibe so: Anton, …

7 Finde zu den Gespenstern Adjektive. Schreibe so: der müde Anton, …

Geisterstunde
Das dicke Gespenst heißt Hubert.
Es schwebt neugierig durch die Burg.
Es will Unsinn machen.
Aber die Kinder schlafen schon tief und fest.
Es kann sie nicht erschrecken.

8 Suche dir aus, wie du den Text üben willst.

Familien

Die Klasse 2 feiert ein Klassenfest und spielt Theater.
Alle Familien der Kinder sind eingeladen.

1 Welche Familienmitglieder sind gekommen?

2 Hast du einen Opa? Hast du eine Oma?
Erzähle von deinen Großeltern.

Familie Linne

Familie Müller-Olsen

Familie Neumann

Marios Familie

Familie Aksu

Die Familienfotos zeigen viele verschiedene Familien.

1. Schau dir die Bilder an und erzähle.
2. Male ein Bild von deiner Familie.
3. Stelle den anderen Kindern deine Familie vor.

Familien und Wortfamilien

1 Wie heißen Brittas und Pauls Großeltern? Wie heißen ihr Onkel und ihre Tanten?

2 Wie sind Britta und Alexa miteinander verwandt?

3 Finde die Wörter in dem Baum. Schreibe so: spielen, der Spieler, …

4 Auch Wörter können miteinander verwandt sein. Kreise den Wortteil ein, der immer gleich bleibt. Schreibe so: spielen, …

Merke

Wörter, die denselben **Wortstamm** haben, gehören zu einer **Wortfamilie.** Der Wortstamm ist der Wortteil, der bei den Wörtern gleich ist.

- Wortfamilie *spielen:* **Spiel**er, **spiel**en, mit**spiel**en, **Spiel**platz

BAUKASTEN BAUEN AUFBAUEN BAUSTELLE BAUKLOTZ

5 Zu welcher Wortfamilie gehören die Wörter?

6 Schreibe die Wörter richtig auf. Kreise den Wortstamm in jedem Wort farbig ein. Schreibe so: Baukasten, …

Bestimmte und unbestimmte Artikel

Das sind die Personen, die zu einer Familie gehören können:

eine	Mutter
ein	Vater
eine	Oma
ein	Opa
eine	Tochter
ein	Sohn
ein	Kind

Das ist die Familie von Britta und Paul Ponti:

die	Mutter	Jutta Ponti
der	Vater	Roberto Ponti
die	Oma	Elli Sander
der	Opa	Hans Sander
die	Tochter	Britta
der	Sohn	Paul
das	Kind	Britta
das	Kind	Paul

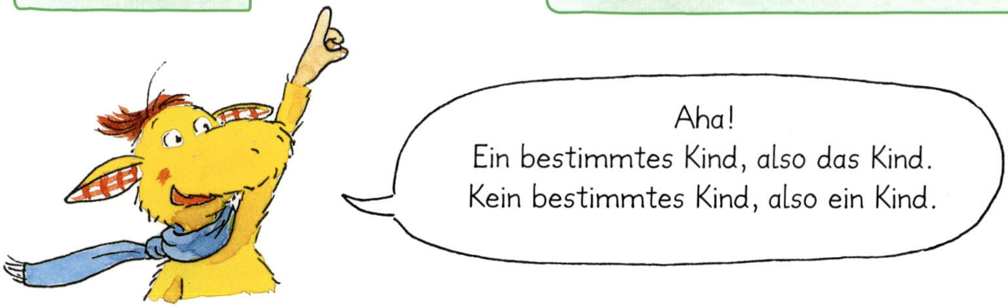

Merke

Es gibt **bestimmte** und **unbestimmte Artikel.**

- **der** Sohn – **ein** Sohn, **die** Tochter – **eine** Tochter, **das** Kind – **ein** Kind

Jedes Kind war einmal ___ Baby.
Britta ist ___ Tochter von Roberto und Jutta Ponti.
Jeder Mensch hat ___ Mutter.
Alexa ist ___ Kind von Renate Sander.
Roberto ist ___ Sohn von Oma und Opa Ponti.

das | die | ein | der | eine

1 Schreibe die Sätze ab und setze die richtigen Artikel ein.

2 Schreibe noch mehr Sätze über die Familie Ponti, in denen bestimmte und unbestimmte Artikel vorkommen.

Eine Entschuldigung schreiben

1 Erzähle zu den Bildern.

2 Spielt die Szene.

3 Was kann Tina tun? Sprecht darüber.

4 Tina hat sich entschieden, als Entschuldigung einen Brief an Laura zu schreiben. Hilf Tina dabei.

Diese Satzanfänge können dir helfen.

Liebe Laura, … .
Hallo Laura, … .

Entschuldige bitte, dass … .
Bitte verzeih mir, dass … .

Es tut mir leid, dass … .
Ich sehe ein, dass … .
Ich hoffe, dass … .
Ich wünsche mir, dass … .

Viele Grüße
Deine Tina

Bis bald
Deine Tina

Eine Einladung schreiben

Paul will seine Freunde und Freundinnen zum Geburtstag einladen.

Lieber … ,
Liebe … ,

zu meiner Geburtstagsfeier
am … um …
bei …
lade ich Dich herzlich ein.

Viele Grüße
Dein …
Deine …

Das musst du auf die Einladung schreiben:

- Wer wird eingeladen?
- Wozu?
- Wann? Wo?
- Wer lädt ein?

1 Gestalte eine schöne Einladungskarte für Paul oder für dich selbst.

2 Schreibe einen vollständigen Umschlag für die Einladungskarte.

Info

Der **Geburtstag** ist der Tag deiner Geburt.
Wenn du das Wort schreiben willst, schreibe erst *Geburt,* dann ein *s* als Verbindung und dann hänge *-tag* an.

W

Bruder
einladen
Eltern
Entschuldigung
Familie
feiern
Geburtstag
Geschenk
Großeltern
Gruß
Onkel
Schwester

3 Finde zu den Nomen im Wörterkasten die passenden Artikel.

Silben mit kurzen und langen Selbstlauten

Blume | Wolke | Krone | Pumpe | Stempel | Gürtel
Dame | Palme | Feder | Dose | Nadel | Tante

1 Sprich die Wörter in Silben und klatsche dazu.

2 Untersuche die erste Silbe und achte darauf, wie sie endet.
Teile die Wörter in zwei Gruppen ein.
Schreibe so:

Die erste Silbe endet mit einem Selbstlaut.	Die erste Silbe endet mit einem Mitlaut.
Blume	Wolke

3 Sprich die Wörter in der Tabelle deutlich. Überprüfe den Selbstlaut der ersten Silbe. Entscheide, wie er klingen soll:
lang wie **Bluuume** oder kurz wie **Blummme** ?

Kurz-lang-Probe:
Sagst du **Bluuume** oder **Blummme** ?

4 Kennzeichne in deiner Tabelle den kurzen Selbstlaut mit einem Punkt ● und den langen Selbstlaut mit einem Strich ▬ .

langer Selbstlaut	kurzer Selbstlaut
Blume	Wolke

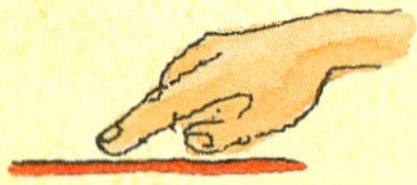
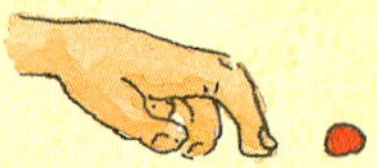

5 Was stellst du fest?

Merke

Endet eine Silbe mit einem Selbstlaut, so klingt der Selbstlaut **lang.**
Endet eine Silbe mit einem Mitlaut, so klingt der Selbstlaut **kurz.**
- **Krone** **Wolke**

6 Ergänze deine Tabelle mit diesen Wörtern.

EIN AUS VER MITTAGS	SCHLAF	EN LIED ANZUG

GE VER MEER	SALZ	STANGE EN BREZEL IG

1 Schreibe die Wortfamilien *schlafen* und *Salz* auf.
Schreibe so: einschlafen, …

2 Kreise in jedem Wort den Wortstamm farbig ein.

3 Unterstreiche die Nomen blau, die Verben rot und die Adjektive grün.

abschreiben, Schreibtisch, Schreiber, Füller, Heft,
aufschreiben, Schreibschrift, malen, Kugelschreiber

4 Findest du die Wortfamilie, die sich hier versteckt hat?
Achtung: Manche Wörter gehören nicht dazu!

5 Schreibe die Wortfamilie auf. Kreise den Wortstamm farbig ein.

6 Suche noch mehr Wörter, die zu dieser Wortfamilie gehören.

Re Win Ti Gur Ra Gür ter ke ger gen tel be

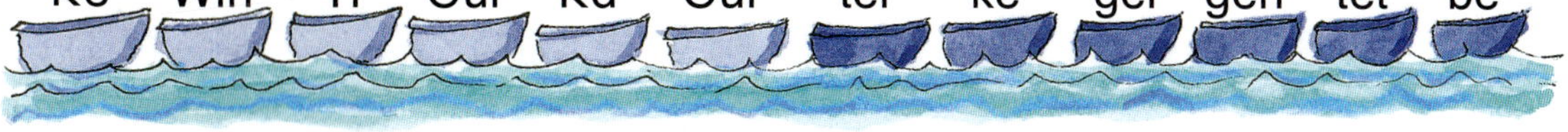

7 Setze immer zwei Silben zusammen. Schreibe so: Regen, …

8 Markiere kurze und lange Selbstlaute der ersten Silbe mit
● und ▬.

Familienfeier
Heute hat Mama Geburtstag. Laura hat einen Kuchen gebacken.
Alle wollen kommen.
Mamas Bruder und Papas Schwester sind schon da.
Sie bringen viele Blumen und schöne Geschenke mit.

Große Tiere – kleine Tiere

Die Kinder der Klasse 2 bereiten eine Ausstellung über große und kleine Tiere vor.

1. Wie informieren sich die Kinder über Tiere?

2. Wie stellen sie die gesammelten Informationen aus?

3. Über welches Tier würdest du gerne mehr herausfinden? Überlege, wie du dich informieren kannst.

1 Welches Tier hat Betül beschrieben? Tiger

Steckbriefe schreiben

lebt in Afrika

frisst Blätter von Bäumen

hellbraunes Fell mit dunkelbraunen Punkten

kann fast 6 Meter hoch werden

wehrt sich gegen Löwen mit kräftigen Tritten

1 Wie heißt das Tier?
Schreibe den Steckbrief in Sätzen auf. Lexis Fragen helfen dir.

2 Schreibe einen eigenen Steckbrief über dein Lieblingstier.
Lies ihn einem anderen Kind vor. Kann es dein Tier erraten?

Zusammengesetzte Nomen

3 Welche Häuser siehst du auf dem Bild? Schreibe so: Baumhaus, …

4 Findest du noch andere Nomen mit *Haus*?

Merke

Aus zwei Nomen kann man ein **zusammengesetztes Nomen** bilden.
- der **Baum,** das **Haus** – das **Baumhaus**

5 Finde zusammengesetzte Nomen mit *Futter*.
Überprüfe mit der Wörterliste. Schreibe so: das Entenfutter, …

Doppelte Mitlaute

Tante | Haken | Feder | Winter | Regen | Kiste | Kante | Kabel

1 Sortiere die Wörter in die Tabelle:
Lasse am Ende Platz
für Aufgabe 6.

langer Selbstlaut	kurzer Selbstlaut
Haken	Tante

2 Schreibe die Mitlaute zwischen den Selbstlauten farbig nach.
Schreibe so: Tante

3 Zähle die Mitlaute zwischen den Selbstlauten. Was fällt dir auf?

Merke

Nach einem **kurzen** Selbstlaut folgen mindestens **zwei** Mitlaute.
- Tante, Kiste

4 Sprich dir diese Wörter vor. Entscheide, wie sie klingen.
Lang wie **Spiiine** oder kurz wie **Spinnne** ?

5 In welche Spalte von deiner Tabelle gehören die Wörter?

Merke

Hörst du nach einem kurzen Selbstlaut nur einen Mitlaut,
dann **verdopple** ihn beim **Schreiben,** damit du wieder zwei hast.
-  Spinne

6 Schreibe die Wörter in deine Tabelle.

7 Schreibe diese Wörter richtig auf. Überprüfe mit der Wörterliste.

Große Tiere – kleine Tiere

Auslaute

(1) Sprich dir diese Wörter vor. Was hörst du am Ende?

(2) Bilde nun die Mehrzahl. Wie hört es sich jetzt an?
der  – die 

Merke

Verlängere das Wort, dann hörst du, wie das Wort am **Ende** geschrieben wird. Bilde zum Verlängern bei Nomen die Mehrzahl.
- der Zug – die Zü**g**e   der Schrank – die Schrän**k**e

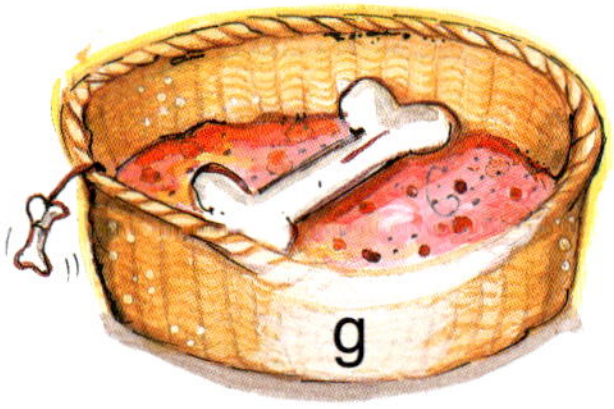

Flu   Geträn   Zu
Zwei   Geburtsta
Schran   Geschen

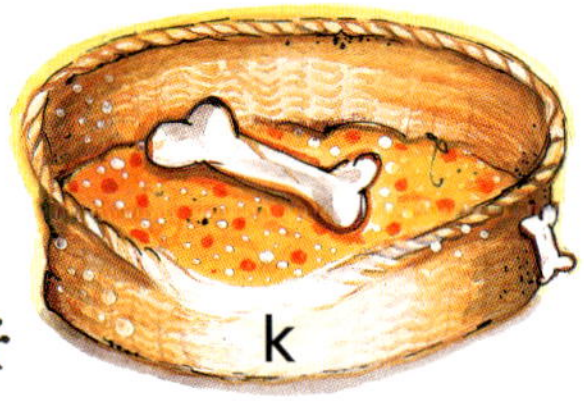

(3) Ordne die Wörter. Schreibe so:

g	k
der Flug – die Flüge	

Kor   Sta   Urlau   Sie   Kal   Die

(4) Finde heraus, wie diese Wörter am Ende geschrieben werden.
Schreibe so: der Korb – die Körbe, …

W

Buch
Bücherei
ernähren
Foto
gehen
Hund
Information
machen
sammeln
Steckbrief
Tier
Zoo

Anlautverbindungen *br, dr* oder *gr*

Mein Hund ist erst ei Jahre alt und nicht oß.
Er kann mir die ille ingen und außen
über jeden aben springen.
Wenn der iefträger kommt, ingt
mein Hund mir die iefe.

(5) Welche Buchstaben sind verdeckt?

(6) Schreibe den Text richtig auf.
Denke daran, die Nomen großzuschreiben.

1 Schreibe die Wörter richtig auf.
Überprüfe mit der Wörterliste.

Feder, Leder, Ball, Fuß, Hand, Medizin

Nasen, Brillen, Bär, Zirkus, Eis, Gummi, Kragen

2 Bilde zusammengesetzte Nomen. Schreibe so: Federball, …

3 Schreibe Sätze mit zusammengesetzten Nomen.

groß, langsam, dumm, schwarz, weiß, leicht, klein, schnell, schlau, schwer

4 Finde Gegensätze mit Adjektiven. Schreibe so: groß – klein, …

5 Schreibe Sätze zu den Gegensätzen. Die Wörterliste hilft dir.
Schreibe so: Die Giraffe ist groß, die Maus ist … .

6 Finde eigene Gegensatzpaare aus der Tierwelt.

Der Steckbrief
Lukas schreibt einen Steckbrief über Affen.
Er hat schon viele Informationen gesammelt.
Die Bücher aus der Bücherei haben ihm geholfen.
Heute will er in den Zoo gehen.
Er möchte Fotos von seinem Tier machen.

Winter

1 Schau dir die einzelnen Menschen auf dem Bild an. Wie fühlen sie sich?

2 Wie erlebst du den Winter?

3 Sieht es im Winter überall so aus wie auf dem Bild?

Dezember					
Mo	1	8	15	22	29
Di	2	9	16	23	30
Mi	3	10	17	24	31
Do	4	11	18	25	
Fr	5	12	19	26	
Sa	6	13	20	27	
So	7	14	21	28	

Januar					
Mo		5	12	19	26
Di		6	13	20	27
Mi		7	14	21	28
Do	1	8	15	22	29
Fr	2	9	16	23	30
Sa	3	10	17	24	31
So	4	11	18	25	

Februar					
Mo		2	9	16	23
Di		3	10	17	24
Mi		4	11	18	25
Do		5	12	19	26
Fr		6	13	20	27
Sa		7	14	21	28
So	1	8	15	22	

März						
Mo		2	9	16	23	30
Di		3	10	17	24	31
Mi		4	11	18	25	
Do		5	12	19	26	
Fr		6	13	20	27	
Sa		7	14	21	28	
So	1	8	15	22	29	

1 Wie viele Tage haben die Monate?

2 Zeige am Kalender:
Wann ist Weihnachten?
Wann ist Silvester?
Wann ist Winteranfang? Wann hört der Winter auf?

Rezept für ein Weihnachtshaus

Zutaten
1 runder Doppelkeks
2 eckige Butterkekse
4 Dominosteine
1 Esslöffel Wasser
5 Esslöffel Puderzucker
2 Gummibärchen

Ich baue das Dach auf die Dominosteine.

Zuerst verrühre ich den Puderzucker mit dem Wasser.

Zum Schluss verziere ich das Haus mit den Gummibärchen.

Die vier Dominosteine klebe ich mit dem Zuckerguss auf den runden Keks.

1 Wie wird das Haus gebaut?
Bringe die Sätze in die richtige Reihenfolge.

2 Schreibe das Rezept in der richtigen Reihenfolge auf.

3 Baue selbst ein Weihnachtshaus.

Info

Weihnachten kommt von **Weihe.**
Es ist die geweihte Nacht.
Durch die Weihe wird die Nacht heilig oder festlich.

Ein Gedicht auswendig lernen

Was kann das sein?

Süßer Teig wird angerührt
und das Backblech eingeschmiert.

Kleine Kuchen, die laut knacken,
werden auf dem Blech gebacken.

Sind sie aus dem Ofen raus,
duftet gleich das ganze Haus.

Rolf Krenzer

Ein Gedicht auswendig lernen

- Lies das Gedicht leise durch. Wovon erzählt das Gedicht?
- Lies das Gedicht laut vor.
- Überlege dir zu den ersten zwei Zeilen Bewegungen.
- Sprich die Zeilen. Achte auf das erste Wort und den Reim.
- Wiederhole, bis du es auswendig kannst.
- Mache dasselbe mit den nächsten beiden Zeilen.
- Statt einer Bewegung kannst du dir auch ein Geräusch, ein Bild oder einen Geruch vorstellen.

- Sprich so das ganze Gedicht.

1 Lerne das Gedicht so auswendig. Wenn du zu Weihnachten das Gedicht aufsagst, machst du damit den Zuhörern eine große Freude.

Verben

Montag:

Auf dem Schulweg schmeißt Tom mit Schneebällen.

Dienstag:

In der Pause baue ich mit Paul einen Schneemann.

Mittwoch:

Die Klasse geht mit dem Förster durch den Wald.

Donnerstag:

Betül zankt mit Max. Betül haut Max.

Freitag:

Niko schreibt eine Spukgeschichte für den Erzählkreis.

Was sind Verben?
Weißt du es noch?
Es steht auf Seite 24.

Die Klasse 2 erzählt, was in dieser Woche passiert ist.

1 Finde alle Verben und schreibe sie auf.
Finde auch die *wir*-Form. Schreibe so: schmeißt – wir schmeißen, …

Merke

Alle Verben haben eine **Grundform.**
Du findest sie, wenn du die ***wir*-Form** bildest. In der Wörterliste und im Wörterbuch stehen Verben in der Grundform.
- wir **spielen**, wir **bauen**

2 Der Schneemann steht still an seinem Platz. Wir können vieles tun.
Suche Verben in der Wörterliste. Schreibe so: wir rennen, …

3 Findest du ein Verb mit *s* für den Schneemann?

4 Schreibe einen Satz zu den beiden Wochentagen, die oben fehlen.

5 Schreibe alle sieben Wochentage auf.

Verben verändern sich

Opa steht im Garten. Er baut ein Vogelhaus.
Sina kommt dazu.
„Du baust doch mit?“, fragt Opa.
„Ich baue lieber mit Paul und Laura
einen Schneemann“, antwortet Sina.
„Na, dann bauen wir ja doch beide“, lacht Opa.

1 Lies den Text. Wie oft kommt das Verb *bauen* vor? Was fällt dir auf?

ich er wir bauen baust
du baue baut

2 Was gehört zusammen? Schreibe so: ich baue, …

3 Kreise den Wortstamm ein. Schreibe farbig nach, was sich verändert.

Merke

Verben können sich verändern. Der Wortstamm bleibt gleich.
Was sich verändert, nennt man **Endung.**
Die Endung hängt davon ab, wer etwas tut.
- wir spiel**en,** ich spiel**e,** du spiel**st,** er spiel**t**

W

backen
dunkel
Ferien
früh
Jahr
Schnee
sehr
Spaß
spielen
Weihnachten
wünschen
zanken

4 Was tun die Vögel? Schreibe Sätze auf.

5 Überprüfe die Verben mit der Wörterliste.

6 Suche im Wörterkasten die Verben.

Das Fragezeichen

Wieso? Weshalb? Warum?

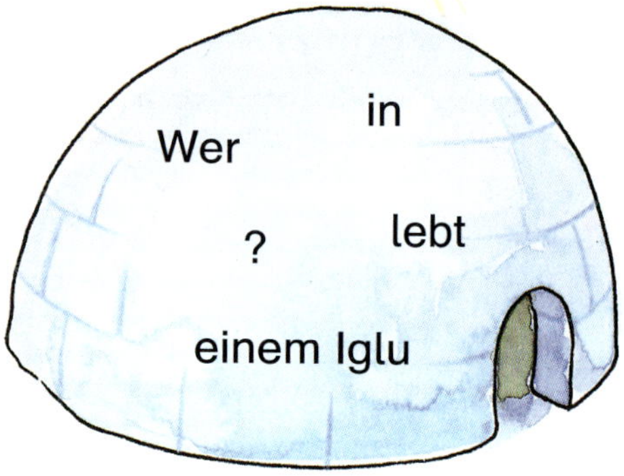

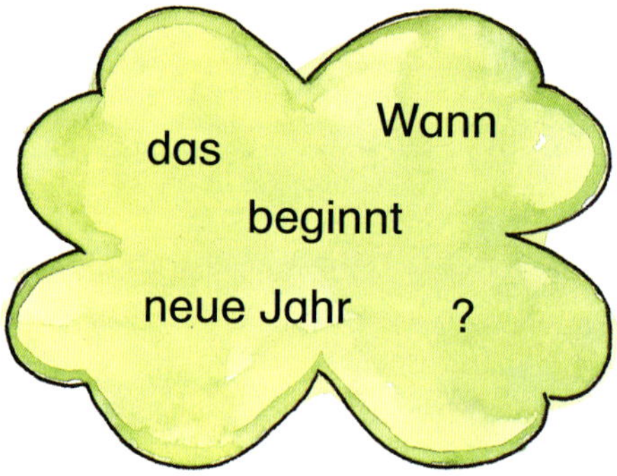

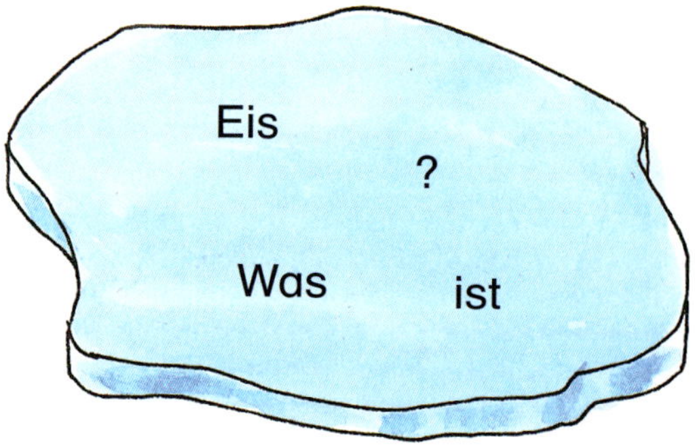

1 Wie heißen die Sätze?

2 Schreibe die Sätze auf. Setze das Satzzeichen.

Merke

Am Ende eines **Fragesatzes** steht ein **Fragezeichen.**
Viele Fragen beginnen mit *wer, wo, was, wann, warum.*
- Wo ist der Igel**?** Wer ist da**?** Kommst du mit**?**

3 Beantworte die Fragen.

4 Schreibe die Antworten in ganzen Sätzen auf.

Wer hat weißes Fell und schwarze Haut?

5 Weißt du es? Schreibe die Frage mit der richtigen Antwort auf.

1 Ordne die Verben in die richtigen Fenster.
Schreibe so: ich spiele, …
du …

2 Schreibe die Endungen der Verben farbig nach.

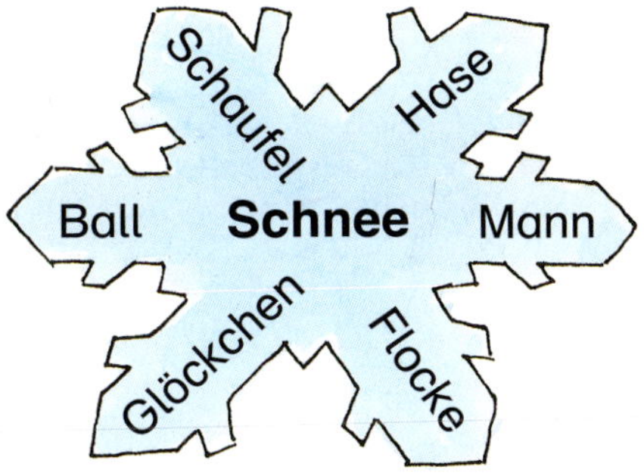

3 Bilde zusammengesetzte Nomen. Finde die Artikel dazu.
Schreibe so: der Schneeball, …

4 Finde noch mehr zusammengesetzte Nomen mit *Schnee.*

5 Schreibe Rätsel zu den zusammengesetzten Nomen.
Schreibe so: Wer hat eine Möhre im Gesicht? Der Schneemann.

Winter
Im Winter ist es oft sehr kalt. Es wird früh dunkel.
Wir zünden viele Kerzen an.
Die Kinder haben Spaß und spielen im Schnee.
Sie freuen sich auf Weihnachten und die Ferien.

Geschichten erzählen und spielen

Die Kinder der Klasse 2 denken sich Geschichten aus.

1 Erzähle, wie die Kinder ihre Geschichten erfinden und vorstellen.

Ideen für Geschichten sammeln

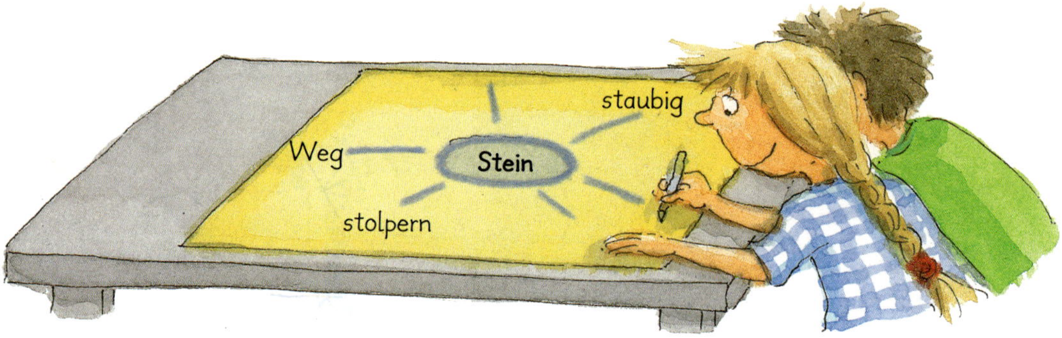

Die Kinder sammeln Ideen für eine Steingeschichte.

1 Welche Wörter fallen dir zu dem Wort *Stein* ein?

2 Schreibe deine Ideen so auf:

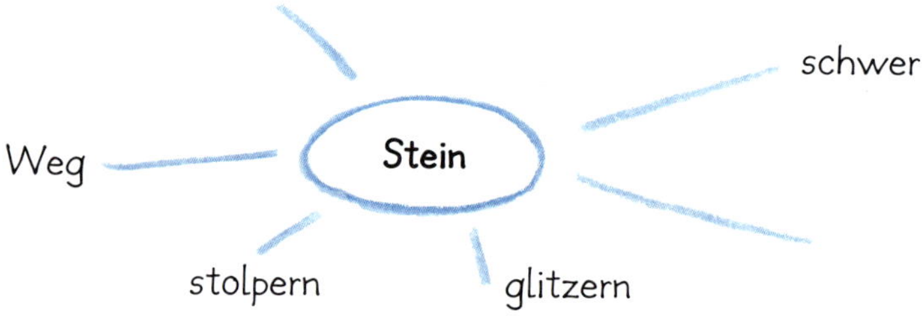

Merke

Alle Wörter, die dir zu einem bestimmten Wort einfallen, kannst du in einer **Ideensammlung** aufschreiben.

3 Erfindet eine Geschichte zur Ideensammlung *Stein*.
Diese Ausdrücke können euch helfen:

mögliche Anfänge	**spannende Momente**
Heute Morgen, als ich gerade …	… eine geheimnisvolle Treppe
Um Mitternacht im Schloss …	… eine aufregende Entdeckung
Letzten Sonntag im Wald …	… eine gefährliche Situation
Vor langer Zeit lebte ein …	… eine unheimliche Begegnung

4 Wie möchtet ihr die Geschichte den anderen Kindern vorstellen?

Eine Geschichte weitererzählen

Stefan springt über einen Graben.
Da spürt er einen spitzen Stein unter seinem Schuh. Er hebt ihn auf und wischt den Staub ab. Stefan bleibt stehen und schaut den Stein an.
Er funkelt wie ein Stern. Plötzlich ...

1 Erzähle, wie die Geschichte vom Glitzerstein weitergehen kann.

2 Schreibe die Geschichte auf.

Paul hat so weitergeschrieben:

> Plötzlich bewegt sich der Stein in Stefans Hand und Stefan erschrickt und er lässt ihn fallen und der Stein springt vom Boden zurück in Stefans Hand und Stefan staunt und er überlegt ...

3 Lies den Text laut vor.
Welches Wort kommt oft vor?

4 Schreibe Pauls Text mit kürzeren Sätzen auf.
Achte auf die Satzanfänge und Punkte.

Mit den kürzeren Sätzen verstehe ich den Text viel besser.

W

erzählen
Geschichte
Idee
passieren
sehen
springen
stark
staunen
stehen
Stein
Ungeheuer
ziehen

Geschichten spielen

Zaubervogel
Du brauchst: Papier vom Zeichenblock, Farbstifte, Papierstreifen oder Wolle, Klebstoff.

1. Falte das Papier. 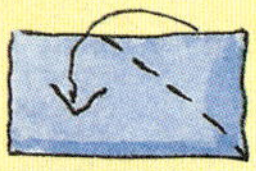
2. Klebe eine Tüte. 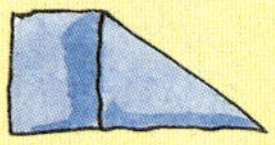
3. Knicke einen Schnabel. 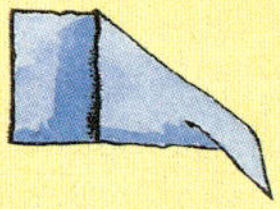
4. Bemale den Zaubervogel und verziere ihn. 

Sockenwurm
Du brauchst: Filzstifte, einen hellen Strumpf.

1 Bastelt einen Sockenwurm und einen Zaubervogel.

Überlegt euch ein Gespräch.

2 Wie ist der Sockenwurm? Und der Zaubervogel?

fröhlich	ängstlich	stolz	geheimnisvoll	…

3 Was sagt der Wurm? Was sagt der Vogel?

4 Spielt das Gespräch.

hoch	tief	laut	leise	ängstlich	wütend	…

5 Verändere deine Stimme beim Sprechen.

1. Überlege dir ein Nomen und schreibe dazu eine Ideensammlung.

2. Suche dir drei Wörter aus deiner Ideensammlung aus. Schlage in der Wörterliste oder im Wörterbuch nach, ob du sie richtig geschrieben hast.

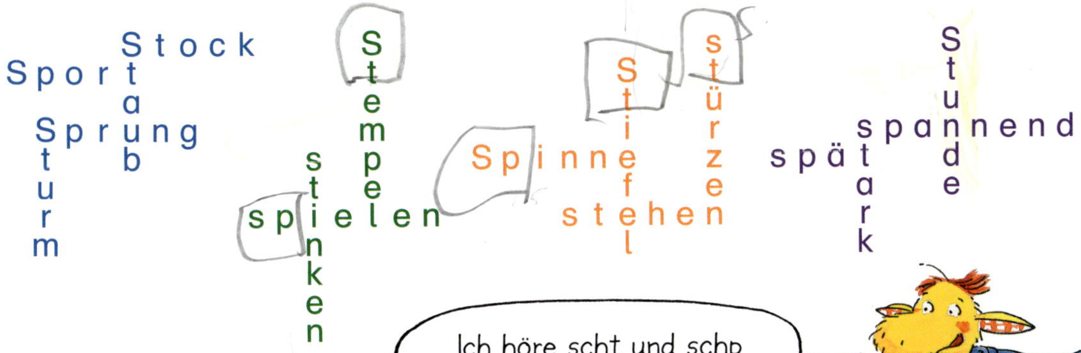

3. Ordne die Wörter nach *st* und *sp*. Setze die Artikel vor die Nomen. Schreibe so:

st	sp
der Stock	der Sport

4. Unterstreiche die Nomen blau, die Verben rot und die Adjektive grün.

5. Suche noch mehr Verben mit *st* und *sp* in der Wörterliste.

6. Erfindet Spaßsätze, in denen möglichst viele Wörter mit *st* oder *sp* vorkommen. Die Wörterliste hilft euch.
Schreibe so: Stefan stolpert über einen stinkenden Stiefel.

Unser Geschichtentag
Heute denken wir uns Geschichten aus.
Zwei Kinder erzählen von einem Stein.
Der Stein gehört einem starken Ungeheuer.
Die anderen Kinder hören neugierig zu.
Was wird passieren?

7. Setze in deinem Abschreibtext Silbenbögen.

Fliegen

1. Schau dir das Bild genau an.
   Suche dir eine Person auf dem Bild aus.

2. Erzähle, was diese Person auf dem Bild erlebt.

3. Bist du schon einmal am Flughafen gewesen? Erzähle davon.

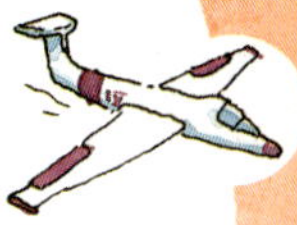

1

2

3

4

5

6

Abflug Ankunft Gepäckausgabe Besucherterrasse
Abfertigungsschalter Warteraum

1 Welche Bedeutung haben die Zeichen?

2 Warum gibt es am Flughafen so viele Zeichen?

Präpositionen *hinter, auf, vor* …

über | auf | unter | auf | hinter | vor | in | auf

Das Düsenflugzeug Der Ballon Das Segelflugzeug	fliegt	den Wolken. der Wolke. der Wolke.
Der Vogel	sitzt	dem Baum.
Die Kinder Die Enten	sind	der Gondel. dem Teich.
Der Hubschrauber Der Papierflieger	landet	der Wiese. dem Baum.

1. Schreibe die Sätze auf.

2. Schreibe noch mehr Sätze mit den Wörtern auf den Karten.

Der Hubschrauber fliegt über den Häusern.

3. Male ein Bild zu diesem Satz.

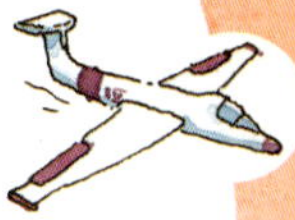

Schreiben zu Bildern

1 Erzähle eine Geschichte zu den Bildern.

Diese Wörter können dir helfen:

Flieger Gummi abschießen gleiten landen

2 Denke dir ein Ende für die Geschichte aus.

3 Schreibe die Geschichte auf.

Adler Düsenflugzeug Storch Hubschrauber
Schwalbe Segelflugzeug Taube Wasserflugzeug

4 Ordne die Nomen den Bildern zu.

5 Was passt zusammen? Schreibe so:

Adler	Düsenflugzeug

6 Finde für jede Spalte eine Überschrift.

7 Finde noch mehr Wörter für deine Tabelle.

8 Finde zu den Nomen die Artikel.

Wörter mit *ie*

L…ber s…ben
Fl…gen kr…gen,
als ohne Schlaf im Bett
zu l…gen.

1. Lies den Satz deutlich vor. Was fällt dir auf?
2. Schreibe den Satz auf.
3. Schreibe *ie* farbig nach.
4. Schreibe Reimwörter zu *lieben* auf.

Die Fliegen
kann der Paul nicht kr… .

Die Ziegen
wollen im Sand l… .

Das Wiesel
sitzt auf einem K… .

Der Sieger
wartet auf den Fl… .

Die Riesen
mögen Spaß wie d… .

Vier Diebe
klauen nicht aus L… .

5. Suche dir drei Reime aus.
   Lies sie laut vor und setze die fehlenden Wörter ein.
6. Schreibe die drei Reime ab. Schreibe *ie* farbig nach.
7. Schreibe aus der Wörterliste alle Wörter mit *ie* auf, die mit *f* oder *w* anfangen.
8. Schreibe einen eigenen Reim mit Wörtern, in denen *ie* vorkommt.

Das Ausrufezeichen

Merkzettel

Socken einpacken
die Puppe holen
an das Waschzeug denken
einen Pullover holen
an die warme Jacke denken
das Buch einpacken

Laura will zu Oma fliegen. Heute wird der Koffer gepackt. Mama fordert Laura auf, alles zu machen, was auf dem Merkzettel steht.

1 Schreibe Mamas Aufforderungen auf. Setze am Ende ein Ausrufezeichen. Schreibe so: Pack die Socken ein!

Merke

Am Ende eines Aufforderungssatzes steht meistens ein **Ausrufezeichen.**

- Hol bitte die Puppe**!** Pass auf**!**

2 Schreibe die Aufforderungen aus den Sprechblasen ab.

3 Denke dir noch mehr Aufforderungen für Mama oder Laura aus.

Am Flughafen gibt es noch mehr Aufforderungen für Laura.

gehe	ins Flugzeug ein
achte	im Warteraum
warte	dich an
steige	zum Schalter
schnalle	auf die Ansagen

4 Schreibe die Aufforderungssätze richtig auf. Setze am Ende ein Ausrufezeichen. Achte auf die Satzanfänge. Schreibe so: Gehe zum Schalter! …

W

abholen
Brief
einmal
fahren
Fliege
fliegen
Flughafen
Flugzeug
hinter
kommen
sieben
über

Fliegen

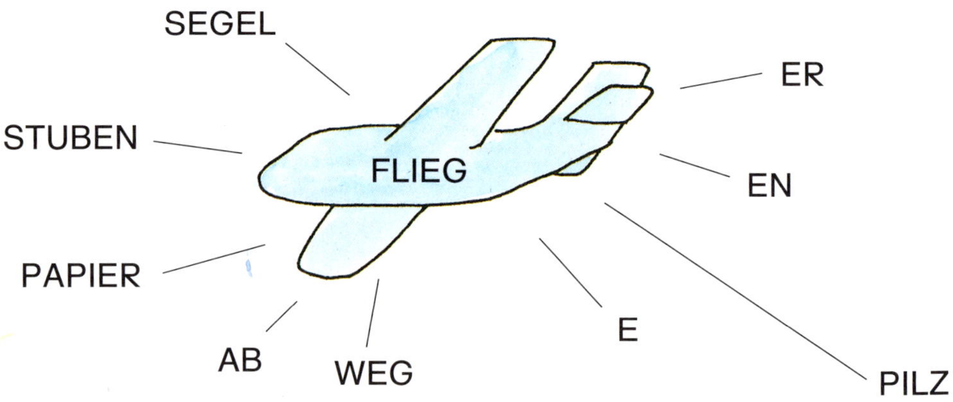

1 Setze die Wörter zusammen.
Schreibe so: der Segelflieger, abfliegen, …

2 Kennst du noch mehr Wörter, die zur Wortfamilie *fliegen* gehören?

3 Schreibe die Wörter auf. Setze Silbenbögen. Schreibe so: Sonne, …

4 Überprüfe die Selbstlaute der ersten Silbe.
Setze einen Punkt unter den kurzen Selbstlaut. Schreibe so: Sonne, …

5 Sortiere die Wörter. Schreibe so:

doppelter Mitlaut	verschiedene Mitlaute
Sonne	Lampe

6 Bilde Sätze mit diesen Nomen.

fliegen	Fliege
s	S
b	Z
kr	L
w	W
l	

1. Schreibe die Reimwörter auf. Schreibe *ie* farbig nach.

2. Bilde Sätze mit einigen der Reimwörter.

3. Schreibe aus der Wörterliste Wörter mit *ie* auf, die mit *s* oder *v* anfangen. Schreibe *ie* farbig nach.

Kannst du die Schwalbe dort oben am Himmel sehen
Ich sehe sie nicht Zeig sie mir
Sie fliegt über den Wolken
Jetzt sehe ich sie Wie hoch können Schwalben fliegen
Das weiß ich nicht
Schätz doch mal
Lass uns in meinem Lexikon nachschauen

4. Hier fehlen die Satzzeichen am Ende der Sätze. Schreibe die Sätze ab. Setze die Satzzeichen.

Am Flughafen
Tom und sein Vater wollen Tante Marie abholen.
Sie fahren mit dem Auto zum Flughafen.
Die Tante kommt aus München.
Das Flugzeug landet schon.
Tom möchte auch einmal fliegen.

Schatzsuche

1 Beschreibe genau, was die Piraten gerade machen.

2 Was haben die Piraten wohl schon erlebt, was haben sie noch vor?

Du stehst an der Kokospalme.
Gehe nach rechts und über die Brücke.
Folge dem Weg bis zum Palmenwald.
Biege links ab und laufe den Weg
zwischen Berg und Palmenwald entlang.
Rechts siehst du den Papageienstein.
Gehe nun weiter geradeaus.
Noch ein Stück und du siehst die Höhle.
Hier ist der Schatz versteckt.

1 Auf der Schatzkarte gibt es viel zu entdecken. Beschreibe sie genau.

2 Welcher Weg zum Schatz wird hier beschrieben?
Zeige ihn auf der Karte.

3 Es gibt noch andere Wege von der Kokospalme zum Schatz.
Finde sie.

4 Welchen Weg zum Schatz würdest du gehen? Warum?

Einen Weg beschreiben

1. Kannst du mit Toms Beschreibung den Schatz finden?

2. Wo weiβt du nicht weiter?
Schreibe Toms Beschreibung so, dass man den Schatz wirklich findet.
Diese Wörter können dir helfen:

nach rechts	nach links	geradeaus	über	zwischen

3. Verstecke den Schatz an einem anderen Ort.
Schreibe den neuen Weg auf.
Tausche deine Beschreibung mit einem anderen Kind.
Kann es den Schatz finden?

4. Stelle deine Beschreibung den anderen Kindern vor. Mit der Frage

Hast du die Beschreibung verstanden?

findest du heraus, ob du noch etwas verbessern kannst.

Wörter mit *tz* und *ck*

1 Nimm die Wörter in den Blick. Was fehlt: *tz* oder *ck*?

2 Schreibe die Wörter auf. Schreibe so:

Wörter mit tz	Wörter mit ck
Katze	

3 Suche in der Wörterliste ein Wort, das mit *r* anfängt und in dem zweimal *ck* vorkommt.

W

Brücke
geheim
Höhle
Karte
Kiste
Papagei
Pirat
plötzlich
Schatz
suchen
vergraben
verstecken

Adjektive

4 Schreibe alle Adjektive mit passenden Nomen aus dem Wörterkasten auf. Schreibe so: alt – die alte Karte, …

5 Schreibe bei den Adjektiven farbig nach, was sich verändert.

Merke

Adjektive haben eine **Grundform** und können eine **Endung** haben. In der Wörterliste und im Wörterbuch stehen Adjektive in der Grundform.

- **alt** – ein alt**er** Pirat, eine alt**e** Karte, ein alt**es** Buch

Eine Geschichte erfinden

Pirat: Säbel, segeln, gefährlich

Schatzsuche: Kiste, verirren, wertvoll

Südseeinsel: tauchen, Urwald, einsam

1. Suche dir ein Bild aus und schreibe dazu eine Ideensammlung.

2. Schreibe mit deinen Wörtern eine Geschichte.
Diese Ausdrücke können dir helfen:

mögliche Anfänge	**spannende Momente**
Auf einem Piratenschiff …	Plötzlich entdecken sie …
Auf einer einsamen Insel …	Auf dem Weg zum …
An einem stürmischen Tag …	Da hört Pirat Säbelzahn …

3. Wie nennst du deine Geschichte?
Finde eine Überschrift.

4. Lest eure Geschichte
den anderen Kindern vor.

Hast du die Geschichte verstanden?

Hat dir die Geschichte gefallen?

Segel | Schiffe | Sonne | Welle | Delfin | Himmel

Kiste | Rüssel | Leder | Besen | Rabe | Ratte

Kasten | Jäger | Feder | Wasser | Palme | Hose

1 Prüfe, ob der erste Selbstlaut lang oder kurz ist.

2 Ordne die Wörter. Markiere in der ersten Silbe die langen und kurzen Selbstlaute. Schreibe so:

langer Selbstlaut	kurzer Selbstlaut
Segel	Schiffe

3 Finde die Reimpaare. Schreibe so: Tatze – Katze, …

ein neues Buch | die freundliche Frau | ein spitzes Dreieck

der dreckige Schwamm | eine gefährliche Spinne

das schlaue Kind | ein dicker Fisch

4 Suche die Grundform der Adjektive in der Wörterliste.
Schreibe so: neues – neu, …

5 Suche die Adjektive in der Wörterliste. Schreibe sie auf.

Schatzsuche
Die Piraten landen mit dem Schiff.
Sie suchen den Schatz auf der ganzen Insel.
Eine Karte zeigt ihnen den Weg.
Die Schatzkiste ist an einem geheimen Ort vergraben.
Wer hat sie dort versteckt?

Krank sein – gesund werden

1 Schau in alle Fenster des Krankenhauses.
Erzähle, was du siehst.

2 Warst du schon einmal im Krankenhaus? Was hast du dort erlebt?

1 Welche Berufe haben die Menschen auf dem Bild?

Diese Wörter können dir helfen:

Arzt Ärztin	Pförtner	Krankenschwester		Krankenpfleger
Putzfrau	Laborantin	Koch	Sanitäter	Sekretärin

Einen Brief schreiben

1 Schau dir das Bild an. Erzähle, was du über Laura erfährst.

Liebe Laura,

hoffentlich geht es Dir wieder gut. Am Donnerstag will ich Dich besuchen. Wir vermissen Dich.

Viele Grüße
Deine Betül

Liebe Laura,

wie geht es Dir?

Viele Grüße
Dein Niko

2 Über welchen der beiden Briefe würdest du dich mehr freuen? Warum?

3 Überlege, an wen du schreiben möchtest. Schreibe selbst einen Brief.

4 Gestalte deinen Brief so, dass der Empfänger sich freut.

5 Schreibe auch einen Umschlag mit vollständiger Adresse.

Der Notruf

1 Tina ist gestürzt. Was macht Max?

2 Wann ist ein Notruf wichtig?

3 Was musst du bei einem Notruf beachten?

4 Spielt ein Telefongespräch für einen Notruf.

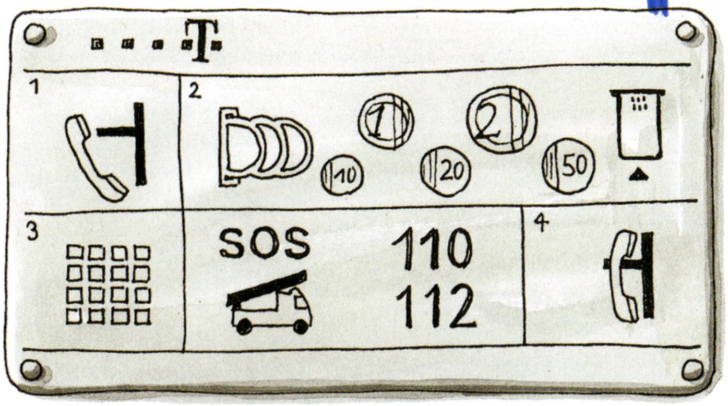

5 Wie telefonierst du richtig? Erkläre die Bildanleitung.

Diese Wörter können dir helfen:

Hörer Münzen Karte Nummer abheben einschieben wählen auflegen

6 Schreibe die Bedienungsanleitung in der richtigen Reihenfolge auf.

Nomen mit *el, er, en*

Himm | Zimm | Wag | Pfleg | Schatt | Vat

Nud | Schwest | Nag | Fad | Apf

Of | Wass | Kuch | Schauk | Koff

1 Ordne die Nomen nach *el, er, en*. Schreibe sie mit den Artikeln auf.
Schreibe so:

el	er	en
der Himmel	das Zimmer	

2 Finde mehr Nomen für die Tabelle.
Die Wörterliste kann helfen.

Pronomen *er, sie, es*

Er kocht das Essen in der Großküche.
Sie untersucht die Kranken.
Es kommt krank ins Krankenhaus und gesund wieder raus.
Sie hilft den Kindern beim Waschen.
Er gibt den Besuchern Auskunft.

3 Wer macht was? Löse die Rätsel.

W
Arzt
Ärztin
bald
besuchen
gesund
krank
Krankenhaus
Krankenschwester
liegen
nach Hause
telefonieren
Zimmer

der Krankenpfleger | die Sekretärin | die Hebamme | der Laborant

4 Erfinde selbst solche Rätsel zu diesen Berufen.

1 Schreibe die Verben auf.
Schreibe so: ich schreibe, du schreibst, er schreibt, wir schreiben, …

legt | träumt | geht | höre | singst | bringt | spiele

2 Schreibe die Grundform der Verben auf.
Schreibe so: legt – legen, …

3 Schlage in der Wörterliste alle Verben nach, die mit *b* anfangen.
Schreibe auf, wie sie eingetragen sind.
Schreibe so: basteln – du bastelst, …

4 Das Wort *fiel* findest du so nicht in der Wörterliste. Wie heißt die Grundform?

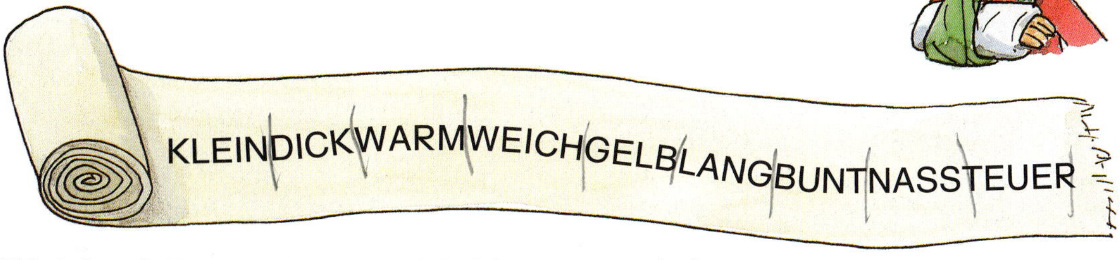

5 Welche Adjektive haben sich hier versteckt?
Schreibe so: klein, …

Im Krankenhaus
Laura liegt im Krankenhaus.
Bald ist sie wieder gesund und darf nach Hause.
Die Krankenschwestern und Ärzte sind sehr nett.
In Lauras Zimmer liegen noch drei andere Kinder.
Sie lesen sich aus Büchern vor.

Frühling

1 Wie erleben die Kinder den Frühling?

2 Woran merkst du, dass Frühling ist?

1 Der Frühling verändert auch das Leben in der Stadt. Erzähle.

Ein Elfchen schreiben

1 Schreibt zum Frühling eine Ideensammlung.

gelb
die Sonne
ist wieder warm
ich habe sie gern
Frühling

2 Lies dieses Gedicht. Es ist ein Elfchen.

3 Woher hat das Elfchen seinen Namen?

Ein Elfchen schreiben

___	ein Wort
___ ___	eine Idee dazu
___ ___ ___	mehr darüber
___ ___ ___ ___	ich …
___	Schlusswort

4 Schreibe ein Elfchen zum Frühling. Die Ideensammlung hilft dir.

5 Dein Partner darf die Augen schließen und lauscht deinem Elfchen.
Konnte dein Partner den Frühling spüren?

Ein Schmuckblatt gestalten

Lass deinen Text auf Rechtschreibfehler überprüfen.

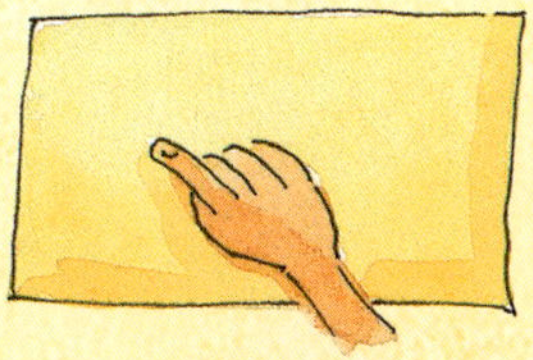

Überlege, wie du den Text auf dem Blatt anordnen möchtest. Nimm deinen Finger zu Hilfe.

Schreibe deinen Text Zeile für Zeile in deiner schönsten Schrift ab.

Gestalte das Blatt mit passenden Farben, Mustern oder Bildern.

1 Du kannst jemandem eine Freude machen, wenn du ihm dein Elfchen auf einem Schmuckblatt schenkst.

Wörter mit *v*

Vase | Vater | vier | Vampir | viel | vom | Vogel | vor | Video

1. Sprich die Wörter deutlich. Wie klingt *v*?

2. Ordne die Wörter. Schreibe so:

klingt wie w	klingt wie f

3. Kennst du noch mehr Wörter mit *v*?
Schreibe sie in die Tabelle. Die Wörterliste hilft dir.

Auslaute

gel… | klu… | har…

4. Was hörst du bei diesen Wörtern am Ende?

5. Setze das Adjektiv vor ein Nomen. Wie hört es sich jetzt an?
… gelb – die … 

Merke

Verlängere das Wort, dann hörst du, wie das Wort am Ende geschrieben wird. Setze zum Verlängern das **Adjektiv** vor ein Nomen.

- gel**b** – die gel**b**e Blume, har**t** – der har**t**e Stein

gesun, kal, wil → d / t	lie, gro, gel → p / b	klu, star, muti → g / k

6. Schreibe die Wörter richtig auf.

Laus | Hand | Baum | Wand | Bauch | Turm

7. Schreibe die Wörter in der Mehrzahl auf.
Schreibe so: die Laus – die …

8. Tausche einen Buchstaben aus.
Bilde neue Wörter. Schreibe so: Laus – Haus, …

W

blühen
elf
Frühling
Ostern
Tag
Vase
Vater
vielleicht
vier
Vogel
von
zwischen

Laura	fährt	vom Strauch.
Lexi	läuft	die Hose.
Die Erdbeere	wäscht	mit dem Bus.
Paul	fällt	auf einem Bein.
Der Vogel	schläft	nach Hause.

1 Bilde Sätze. Schreibe so: Laura fährt nach Hause.

2 Schreibe die Verben in der Grundform auf.
Schreibe so: fährt – fahren, …

Im Frühling singen die 🐾 und die 🐾 blühen.
Zu Ostern 🐾 wir 🐾 Eier.
Ich finde 🐾 hinter einem Baum und eins in der 🐾.
🐾 sucht unter dem Regal.
Die Eier lege ich 🐾 in meinen Korb.

Vater | verstecken | viele | Vase | vier | vorsichtig | Veilchen | Vögel

3 Setze die Wörter ein.

Wal		Stau		Par	
Freun		Die		We	
wei	d	gro	b	Zu	g
Zel	t	Kor	p	trauri	k
Klei		lie		Fabri	
al		Mikrosko		star	

4 Schreibe die Wörter richtig auf.

Frühling
Die Sonne ist wieder warm.
Die Vögel singen im Baum ihr Lied.
Im Garten blühen viele Blumen.
In der Vase auf dem Tisch stehen blühende Zweige.
Bald ist Ostern.
Dann suche ich bunte Eier und sammle sie in einem Korb.

Bücher, Bücher

1 Wovon träumt Linda Leseratte? Erzähle.

1 Wann und wo liest du am liebsten?

2 Erzähle von einem Buch,
das du schon gelesen hast.

Verschiedene Bücher

Boris Bücherwurm hat viele Bücher:

Bücher über Tiere, Geschichtenbücher, Bücher über Pflanzen, Kochbücher, Nachschlagebücher, Bücher über Technik und Märchenbücher.

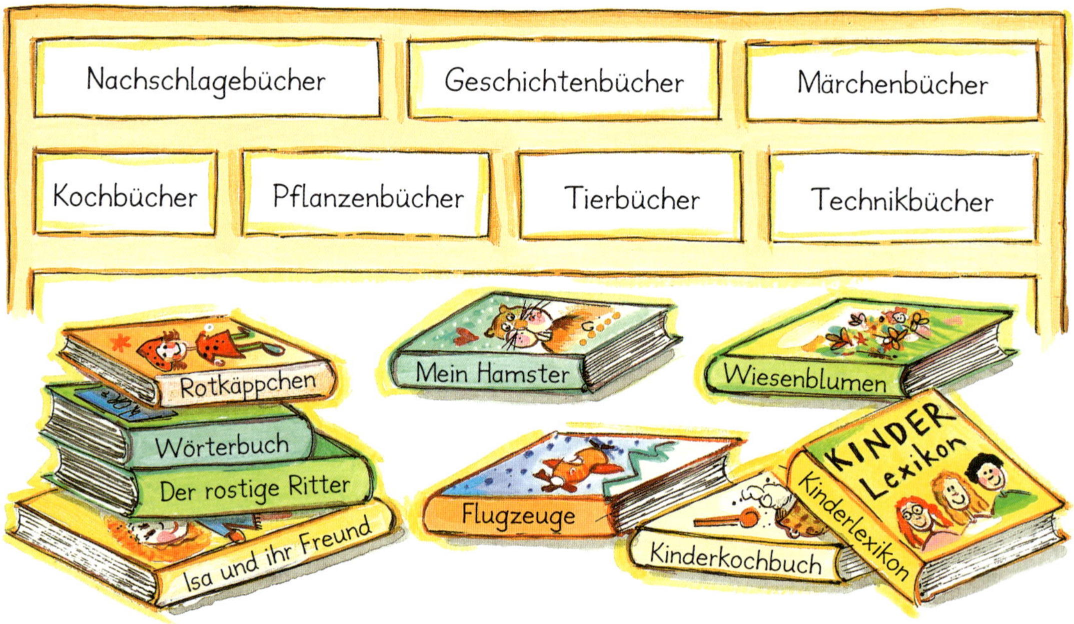

1 Boris Bücherwurm möchte seine Bücher ordnen. Überlege, in welche Fächer seine Bücher gehören.

2 Kennt ihr noch andere Arten von Büchern? Sprecht darüber.

3 In welchen Büchern findet Boris Antworten auf seine Fragen? Schreibe so: 1. Boris braucht ein Kochbuch.

4 Bringt selbst eigene Bücher mit und ordnet sie.

Ein Rollbuch herstellen

Du brauchst: ein halbes Blatt Papier, zwei Holzstäbchen, Kreppklebeband, ein schönes Band

1. Schreibe eine Geschichte auf das Blatt. Lege dabei die schmale Seite nach oben.
2. Knicke die schmalen Seiten des Blattes um die zwei Holzstäbchen.
3. Klebe die Kanten mit Kreppklebeband fest.
4. Dein Rollbuch kannst du mit einem schönen Band zusammenbinden.

Info

Die ersten Bücher waren **Schriftrollen.** Es gibt sie schon seit über 2000 Jahren.

Nomen verkleinern mit *chen* und *lein*

Betül möchte ein ganz kleines Büchlein für ihr Brüderchen basteln. Sie malt ein Haus, einen Baum, einen Bach, einen Fisch, einen Esel und einen Ring.

Nun malt sie alles klein.

1 Verkleinere mit *chen* oder *lein*.
Schreibe so: ein Haus – ein Häuschen, …

2 Verkleinere noch andere Nomen.

Zahlwörter

Viele Bücher haben Zahlen für die Seiten.

Maus Ziege Qualle Katze Raupe Ente Schnecke Fliege Giraffe Biene

1 Suche für jede Seite ein Tier aus.
Schreibe so: Auf Seite vier ist die Maus. Auf Seite eins …

2 Überprüfe die Zahlwörter mit der Wörterliste.

Wörter mit *pf* und *ch*

Dieses Buch erzählt von einem bunten Pferd.
Das Pferd hat einen Zopf am Kopf.
Es mag am liebsten Pfannkuchen mit Apfel.
Es will immer auf der Wiese über Pfützen hüpfen.

3 Suche alle Wörter mit *pf*. Schreibe sie auf.

4 Ordne die Wörter mit *pf* nach dem Abc.

Buch	tauchen	weich	acht
T	f	r	N
Fl	br	bl	Verd

5 Reime weiter. Schreibe so: Buch, Tuch …

Dach lachen Mädchen

6 Suche Reime zu diesen Wörtern.

W
acht
drei
eins
fünf
hundert
neun
Pferd
Platz
Regal
sechs
zehn
zwei

1 Zähle die Bücher.

2 Ordne diese Zahlwörter nach dem Abc und schreibe sie auf.

3 Schreibe die Zahlen von 12 bis 15 als Zahlwörter auf.

4 Schreibe die Zahlen 16, 18, 24, 30, 61 als Zahlwörter auf.

5 Schreibe die einzelnen Wörter richtig auf. Schreibe so: Buch, …

6 Schreibe die Wörter mit *pf* farbig nach.

7 Schreibe Sätze mit Wörtern mit *pf* oder *ch*.
Schreibe so: Bücher lachen nicht. Pferde rupfen Gras.

8 Sammelt Wörter zur Wortfamilie *Buch*.

In der Bücherei
Die Kinder gehen in die Bücherei.
Sie stehen vor den Regalen und
schauen sich die vielen Bücher an.
Jedes Buch hat einen eigenen Platz.
Alle suchen sich ein schönes Buch aus.
Sie fangen sofort an zu lesen.

Computer und Co

1. Schaue in das Haus der Familie Ponti. Erzähle, was du siehst.

2. Welche Medien nutzt Familie Ponti?

3. Was macht Familie Ponti mit den Medien?

1 Welche Medien gibt es bei dir zu Hause?

2 Suche dir eines der Medien aus.
Beschreibe, was du damit machen kannst.

Texte schreiben und präsentieren

1 Schaue dir die Bilder genau an und erzähle, was darauf passiert.
Diese Wörter können dir helfen:

Computerspiel	Figuren	ausprobieren	lebendig
überrascht	aufgeregt	zuerst	plötzlich

2 Schreibe die Geschichte auf. Gib dem Mädchen einen Namen.

3 Könnte diese Geschichte wirklich passiert sein? Sprecht darüber.

4 Wie könnte die Geschichte weitergehen?

Ideen zur Gestaltung deines Textes

- Schreibe den Text ordentlich auf.
  Du kannst auch mit dem Computer schreiben.
- Probiere mit dem Finger, wo du Text und Bilder anordnen möchtest.
- Lasse einen Rand. Den Rand kannst du mit Mustern oder Bildern, die zu deinem Text passen, verzieren.

Ideen zur Präsentation deines Textes

- Lege einen Geschichtenordner an.
- Binde ein Buch aus mehreren Geschichten.
- Hänge die fertige Geschichte an einer Wäscheleine auf.
- Bastele ein Rollbuch.
- Klebe deine Geschichte auf ein Plakat.
- Gestalte ein Schmuckblatt.

5 Suche dir eine Idee aus, wie du deine Geschichte gestalten und präsentieren möchtest.

Fremde Wörter

Pauls Schwester Britta hat bald Geburtstag. Sie wünscht sich:

Paul hilft seiner Schwester und schreibt die Wörter auf:

Keyboard
Mountainbike
Puzzle
Muffins
T-Shirt
Jeans

1. Ordne Brittas Zeichnungen den Wörtern von Paul zu.
2. Paul hat ein Wort vergessen. Welches?
3. Suche es in der Wörterliste.
4. Findest du noch mehr fremde Wörter?

Wörter mit *aa, ee, oo*

S E E H A A R M O O S W A A G E S C H N E E
B O O T M E E R Z O O B E E R E S A A L

5. Schreibe die Wörter mit *aa, ee, oo* auf. Schreibe so: der See, …

6. Wenn ihr euch die Wörter gemerkt habt, diktiert sie euch gegenseitig.
7. Suche in der Wörterliste ein Wort, das mit zwei *a* anfängt.

e oder *ä* ?

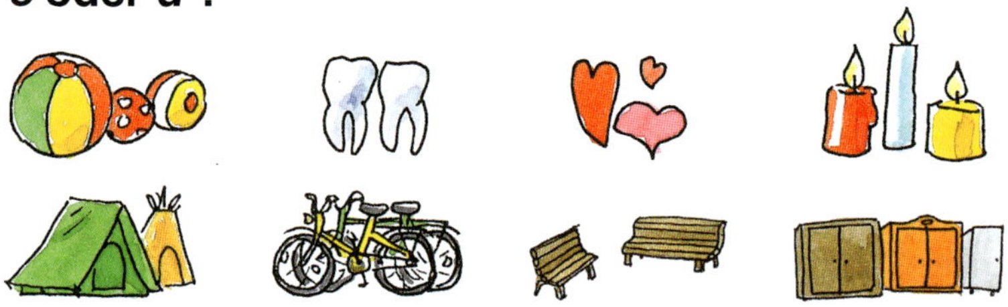

1 Sprich dir die Wörter auf den Bildern laut vor.

2 Schreibe die Wörter in der Einzahl und in der Mehrzahl auf.
Was merkst du dabei?

Merke

Bilde die Einzahl, um zu entscheiden, ob man ein Nomen mit ***e*** oder ***ä*** schreibt.

- R**ä**der – R**a**d, Z**e**lte – Z**e**lt

3 Finde andere Wörter mit *a* in der Einzahl und *ä* in der Mehrzahl.

Die Leertaste

Paul hat eine E-Mail an seine Freundin in Italien geschrieben.

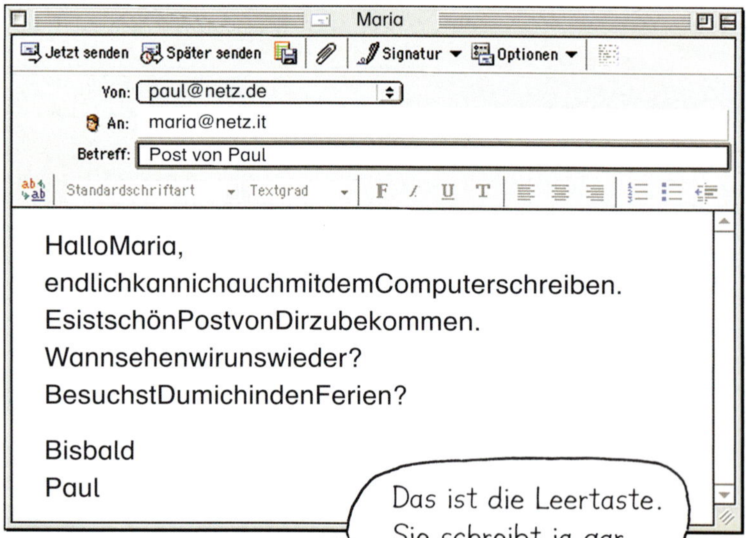
Maria
Jetzt senden | Später senden | Signatur | Optionen
Von: paul@netz.de
An: maria@netz.it
Betreff: Post von Paul
Standardschriftart | Textgrad | F | / | U | T

HalloMaria,
endlichkannichauchmitdemComputerschreiben.
EsistschönPostvonDirzubekommen.
Wannsehenwirunswieder?
BesuchstDumichindenFerien?

Bisbald
Paul

4 Was hat Paul beim Schreiben vergessen?

5 Schreibe den Text richtig auf.

W

ausleihen
Boot
Computer
erreichen
Fernseher
Handy
informieren
Internet
jetzt
schicken
tippen
wissen

Im Sommer trocknen meine H…re schnell im Wind.
Am M…r finde ich kleine S…sterne.
Ich trinke kalten Eist… .
Ich pflücke reife Erdb…ren.
Wir fahren mit einem flotten B…t über den S… .

1. Schreibe die Sätze richtig auf.

2. Welche Stellen findest du in den Wörtern schwierig?
Schreibe sie farbig nach.

3. Unterstreiche die Nomen blau, die Verben rot und die Adjektive grün.

4. Finde heraus, ob man *eu* oder *äu* schreibt.

5. Schreibe die Wörter in der Mehrzahl und in der Einzahl auf.
Schreibe so: Bäume – Baum, …

Räuber · rauschen · Säugling · Traum · träumen · laufen · rauben · Läufer · saugen · Käufer · Geräusch · kaufen

6. Suche die Wortpaare, die zu einer Wortfamilie gehören.
Schreibe so: Räuber – rauben, …

7. Finde noch mehr solche Wortpaare.

Informationen sammeln
Ich möchte viel wissen.
Heute forsche ich über Sterne.

Ich möchte mir dazu Bücher ausleihen.
Meine Tante habe ich schon angerufen.

Jetzt suche ich noch im Internet.
Das geht schnell und macht Spaß.

1 Was machst du am liebsten im Wasser? Warum?

1 Sucht euch ein Spiel auf dieser Seite aus.
Stellt es pantomimisch dar. Die anderen Kinder raten.

2 Fallen dir noch mehr Spiele für draußen ein? Erkläre sie.

Wortfelder

Lexi will es ganz genau sagen.

1 Sammle alle Wörter, die ausdrücken, wie Lexi geht.

2 Schreibe die Wörter so auf:

rennen		schlurfen
	gehen	
rasen		schleichen

Merke

Wörter, die eine ähnliche Bedeutung haben, kannst du in einem **Wortfeld** sammeln.
Das hilft dir, dich genauer auszudrücken.

3 Auch du kannst ganz unterschiedlich gehen. Probiere es aus.

4 Finde noch mehr Wörter zum Wortfeld *gehen*. Schreibe sie dazu.

5 Stelle ein Wort aus dem Wortfeld *gehen* pantomimisch dar.
Die anderen Kinder raten.

6 Schreibe eine Geschichte über Lexi am Strand. Baue Wörter aus dem Wortfeld *gehen* ein.

Wörter mit ß

Heute ist es sehr ___.
Vier Kinder treffen sich ___ am Strand.
Sie ___ Laura, Marie, Niko und Paul.
Marie und Laura bleiben im Schatten unter einem Sonnenschirm.
Er ist ___ und ___.
Die Mädchen spielen Quartett.
Niko und Paul gehen ___ spielen.
Paul stolpert und verstaucht sich den ___.
Niko humpelt mit Paul zum Wasser. Sie kühlen Pauls ___.

draußen | Fußball | Fuß | heiß | groß | weiß | Fuß | heißen

1 Setze die Wörter ein.

2 Schreibe den Text in dein Heft.

3 Welche Stellen findest du in den Wörtern auf den Karten schwierig? Schreibe sie farbig nach.

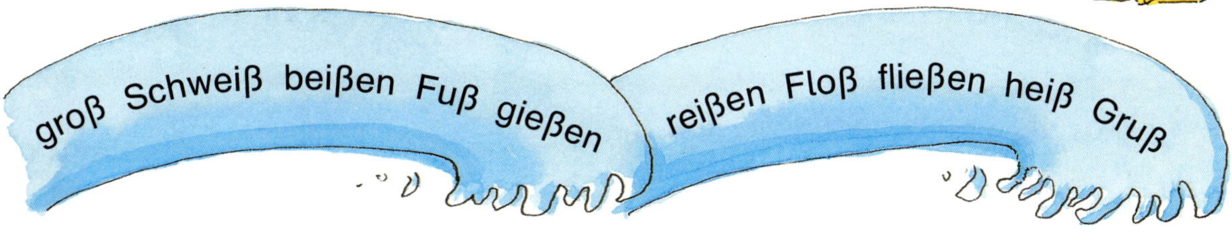

4 Finde mit den Wörtern Reimpaare. Schreibe so: groß – Floß, …

5 Schreibe eigene Sätze mit Wörtern mit ß.

Ein Spiel erklären

Liebe Nachbarklasse!

Wir planen ein Spielefest im Freien.
Macht Ihr mit? Welche Spiele kennt Ihr?

Schreibt doch Eure Spiele auf.
Dann können wir zusammen überlegen,
welche Spiele wir für unser Fest nehmen.

Viele Grüße
Euer Paul

Das ist der Spielvorschlag von Pauls Nachbarklasse.
Er ist durcheinandergeraten.

Mehrere Kinder bilden einen Kreis.

Wenn es den Ball fangen konnte,
muss der letzte Werfer in die Mitte.

Ihr braucht einen Ball. So geht das Spiel:

Die Kinder aus dem Kreis werfen
sich den Ball gegenseitig zu.

Das Kind in der Mitte versucht
den Ball zu erwischen.

Ein Kind steht in der Mitte.

1 Lies die Spielanleitung in der richtigen Reihenfolge vor.

2 Schreibe sie richtig auf. Gib dem Spiel einen Namen.

3 Schreibe eine Anleitung für ein anderes Spiel.

W

Fußball
heiß
innen
kühl
Quark
Quartett
Rücken
Sonnenbrand
verquirlen
Wasser
Welle
Wettbewerb

Im Sommer
Marie hat Sonnenbrand.
Laura macht ihr einen Umschlag aus Quark.
Der Quark kühlt Maries heißen Rücken.
Paul möchte den Quark lieber essen.
Er verquirlt den Quark mit Milch und Früchten.
Paul freut sich.
Sein Bauch ist jetzt auch von innen kühl.

1 Schreibe in deinem Abschreibtext alle Wörter mit *qu* und *ß* farbig nach.

2 Schreibe noch mehr Wörter mit *qu* aus der Wörterliste auf.

Quelle | Quirl | Quatsch | Qualm

3 Schreibe das passende Verb zu den Nomen.
Schreibe so: Quelle – quellen, …

4 Erfindet Spaßsätze mit vielen Wörtern mit *qu*.
Schreibe so: Quatschende Quallen quieken im Quartett.

5 Schreibe ein Wortfeld zu *sagen.*

Hü●e | Hü●e | Ha●er | Da●e | Pu●e | Lu●e

Ro●e | Flo●e | Kne●e | Ke●e | Ka●e | Ha●e

6 Ordne die Wörter nach einfachen und doppelten Mitlauten.
Schreibe so:

Hüte	Hütte

7 Setze Silbenbögen unter die Wörter.

Hier und anderswo

1 Was weißt du über andere Länder?

2 Suche Deutschland auf der Weltkarte.

1 Bringt Gegenstände aus aller Welt mit und gestaltet eine Ausstellung.

Andere Sprachen

1 Aus welchen Ländern kommen die Kinder?

2 Welche Sprachen werden in deiner Klasse gesprochen?

3 Spielt die Szene am Strand nach und stellt euch in verschiedenen Sprachen vor.

4 Was will Lexi ausdrücken ohne zu sprechen?

5 Könnt ihr euch auch ohne Sprache verständigen? Probiert es aus.

6 Auch in Deutschland sprechen die Menschen unterschiedlich. Weißt du, wo man sich so verabschiedet?

Das ist aber eine schöne Kette

Ich habe sie in Frankreich am Strand gesammelt

Mein Vater hat Löcher in die Muscheln gebohrt und ich habe sie aufgefädelt

Wo hast du die Muscheln gesammelt

Wie hast du die Kette gemacht

Ich habe die Kette selbst gemacht

Hier sind die Sätze durcheinandergeraten und die Satzzeichen fehlen.

1 Schreibe das Gespräch in der richtigen Reihenfolge auf.
Setze die Satzzeichen.

2 Stellt euch Fragen zu den Sachen in eurer Ausstellung.

3 Aus welchen beiden Nomen sind die Wörter zusammengesetzt?
Schreibe so: die Sandburg – der Sand, die Burg, …

4 Überprüfe die Wörter und die Artikel mit der Wörterliste.

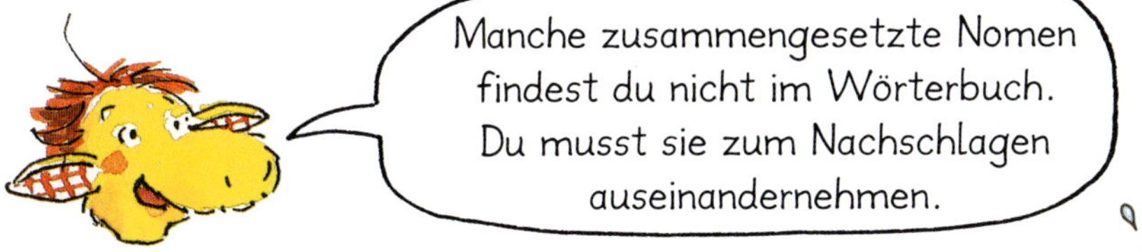

5 Unter welchen Nomen schlägst du nach?

Hier und anderswo

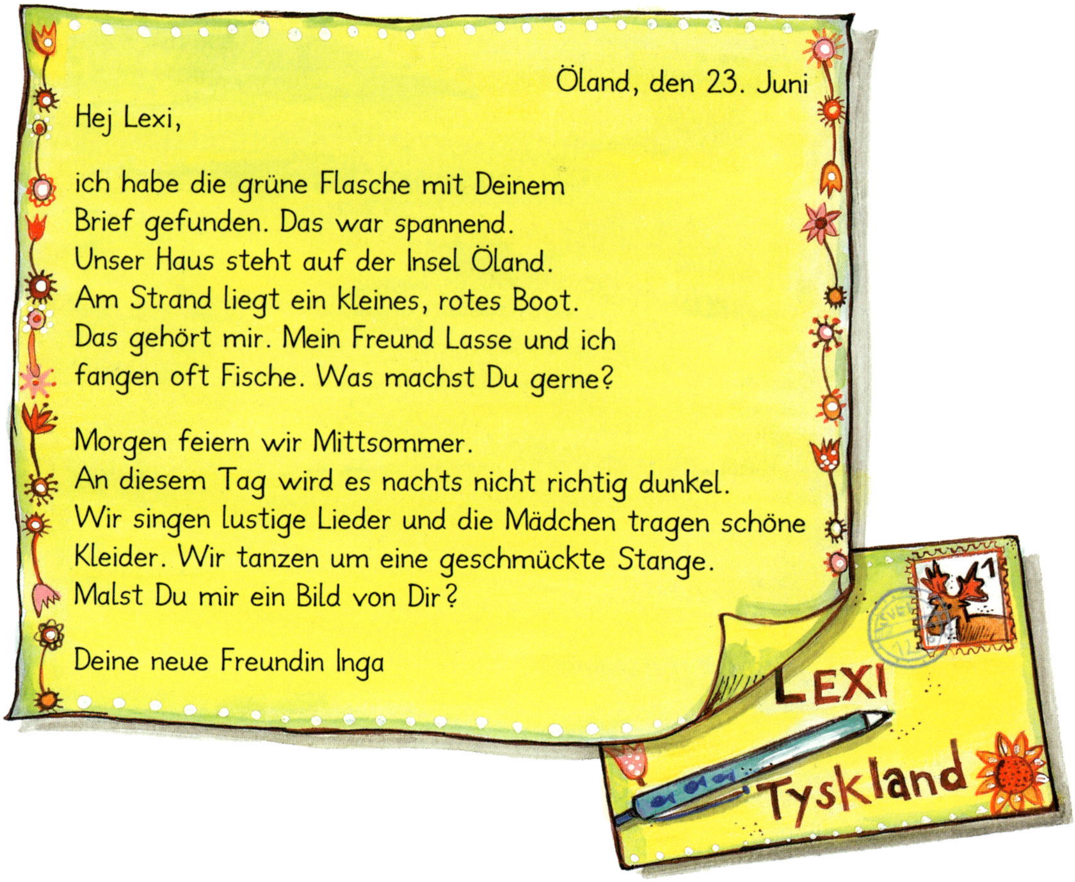

Öland, den 23. Juni

Hej Lexi,

ich habe die grüne Flasche mit Deinem Brief gefunden. Das war spannend. Unser Haus steht auf der Insel Öland. Am Strand liegt ein kleines, rotes Boot. Das gehört mir. Mein Freund Lasse und ich fangen oft Fische. Was machst Du gerne?

Morgen feiern wir Mittsommer. An diesem Tag wird es nachts nicht richtig dunkel. Wir singen lustige Lieder und die Mädchen tragen schöne Kleider. Wir tanzen um eine geschmückte Stange. Malst Du mir ein Bild von Dir?

Deine neue Freundin Inga

1. In dem Brief erfährst du viel über Schweden. Male ein Bild zu Ingas Brief.
2. Suche Wörter zur Wortfamilie *malen.*
3. Suche in Ingas Brief Nomen. Schreibe sie mit den Artikeln auf.
4. Findest du Adjektive in Ingas Brief? Schreibe sie in der Grundform auf. Schreibe so: grün, …

Brief | Brezel | Brause | Bruder | Brot

5. Schreibe die Wörter ab. Setze Silbenbögen.
6. Ordne die Wörter nach dem Abc.

W

dort
einige
froh
manche
Meer
Muschel
ob
Sommerferien
überall
unternehmen
Welt
zu Hause

1 Bilde zu den Verben die Grundform.
Schreibe so: er schwebt – schweben, …

2 Kreise den Wortstamm ein. Schreibe die Endungen farbig nach.

3 Finde heraus, wie die Wörter geschrieben werden.

Lexis Tipps:
- Bilde bei Nomen die Mehrzahl.
- Bilde bei Verben die Grundform.
- Setze die Adjektive vor ein Nomen.

4 Schreibe die Wörter auf.

5 Schreibe in den Wörtern die Stellen farbig nach, die du schwierig findest.

Ferien
Bald fangen die Ferien an.
Viele Kinder fahren mit den Eltern in andere Länder.
Manche werden besucht oder machen Urlaub zu Hause.
Einige Familien fahren an einen anderen Ort in Deutschland.
Was willst du gerne in den Ferien machen?

Wörterliste

A

der **Aal**, die Aale
das **Abc**, die Abc
abfliegen, du fliegst ab
abholen, du holst ab
abschreiben, du schreibst ab
acht
achtzehn
der **Adler**, die Adler
der **Affe**, die Affen
das **Affenhaus**, die Affenhäuser
Afrika
alle
alt
anrufen, du rufst an
der **Apfel**, die Äpfel
der **Arm**, die Arme
arm
der **Arzt**, die Ärzte
die **Ärztin**, die Ärztinnen
auch
auf
aufbauen, du baust auf
aufschreiben, du schreibst auf
das **Auge**, die Augen
ausleihen, du leihst aus
ausschlafen, du schläfst aus
das **Auto**, die Autos

B

das **Baby**, die Babys
der **Bach**, die Bäche
das **Bächlein**, die Bächlein
backen, du bäckst, du backst
das **Bad**, die Bäder
bald
der **Ball**, die Bälle
der **Ballon**, die Ballons, die Ballone
die **Banane**, die Bananen
die **Bank**, die Bänke
der **Bär**, die Bären
basteln, du bastelst
der **Bauch**, die Bäuche
bauen, du baust
der **Baukasten**, die Baukästen
der **Bauklotz**, die Bauklötze
der **Baum**, die Bäume
das **Bäumchen**, die Bäumchen
das **Baumhaus**, die Baumhäuser
die **Baustelle**, die Baustellen
die **Beere**, die Beeren
beißen, du beißt
der **Berg**, die Berge
der **Besen**, die Besen
besuchen, du besuchst
biegen, du biegst
die **Biene**, die Bienen
das **Bild**, die Bilder
die **Birne**, die Birnen
das **Blatt**, die Blätter
blau
bleich
der **Bleistift**, die Bleistifte
der **Blick**, die Blicke
der **Blitz**, die Blitze
blühen, du blühst
die **Blume**, die Blumen
das **Boot**, die Boote
böse
brauchen, du brauchst
die **Brause**
die **Brezel**, die Brezeln
der **Brief**, die Briefe

die **Briefmarke,** die Briefmarken
der **Briefträger,** die Briefträger
die **Brille,** die Brillen
der **Brillenbär,** die Brillenbären
bringen, du bringst
das **Brot,** die Brote
die **Brücke,** die Brücken
der **Bruder,** die Brüder
das **Buch,** die Bücher
die **Bücherei,** die Büchereien
bunt
die **Burg,** die Burgen
die **Bürste,** die Bürsten

C

der **Computer,** die Computer

D

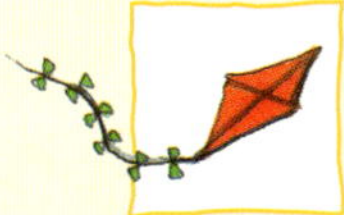

das **Dach,** die Dächer
die **Dame,** die Damen
danken, du dankst
dann
darauf
der **Daumen,** die Daumen
der **Deckel,** die Deckel
der **Delfin,** die Delfine
dick
der **Dieb,** die Diebe
der **Dienstag,** die Dienstage
dieser
der **Donnerstag,** die Donnerstage
das **Dorf,** die Dörfer
dort
die **Dose,** die Dosen
der **Drachen,** die Drachen
draußen
dreckig
drei
dreißig
dreist
dreizehn
drucken, du druckst
dumm
dunkel
dünn
das **Düsenflugzeug,** die Düsenflugzeuge

E

das **Ei,** die Eier
die **Eichel,** die Eicheln
das **Eichhörnchen,** die Eichhörnchen
einige
einladen, du lädst ein
einmal
eins
einschlafen, du schläfst ein
einundsechzig
der **Eisbär,** die Eisbären
der **Eistee,** die Eistees
der **Elefant,** die Elefanten
elf
die **Eltern**
die **Ente,** die Enten
die **Entschuldigung,** die Entschuldigungen
die **Erdbeere,** die Erdbeeren
ernähren, du ernährst
erreichen, du erreichst
erschrecken, du erschreckst
erzählen, du erzählst
der **Esel,** die Esel
das **Eselchen,** die Eselchen
essen, du isst
die **Eule,** die Eulen
der **Euro,** die Euros

F

die **Fabrik,** die Fabriken
der **Faden,** die Fäden
fahren, du fährst
das **Fahrrad,** die Fahrräder
fallen, du fällst
die **Familie,** die Familien
fangen, du fängst
fauchen, du fauchst
die **Feder,** die Federn
der **Federball,** die Federbälle
feiern, du feierst
das **Fell,** die Felle
das **Fenster,** die Fenster
die **Ferien**
der **Fernseher,** die Fernseher
fest
feucht
das **Feuer,** die Feuer
finden, du findest
der **Finger,** die Finger
der **Fisch,** die Fische
das **Fischlein,** die Fischlein
die **Flasche,** die Flaschen
die **Fledermaus,** die Fledermäuse
die **Fliege,** die Fliegen
fliegen, du fliegst
der **Fliegenpilz,** die Fliegenpilze
der **Flieger,** die Flieger
fließen, du fließt
die **Flocke,** die Flocken
das **Floß,** die Flöße
die **Flosse,** die Flossen
der **Fluch,** die Flüche
der **Flug,** die Flüge
der **Flughafen,** die Flughäfen
das **Flugzeug,** die Flugzeuge
das **Foto,** die Fotos
fragen, du fragst
frech
fressen, du frisst
sich **freuen,** du freust dich
der **Freund,** die Freunde
die **Freundin,** die Freundinnen
freundlich
froh
früh
der **Frühling**
der **Fuchs,** die Füchse
fühlen, du fühlst
der **Füller,** die Füller
fünf
fünfzehn
der **Fuß,** die Füße
der **Fußball,** die Fußbälle
das **Futter**
das **Futterhaus,** die Futterhäuser

G

die **Gabel,** die Gabeln
der **Garten,** die Gärten
das **Gebäude,** die Gebäude
geben, du gibst
der **Geburtstag,** die Geburtstage
gefährlich
geheim
gehen, du gehst
der **Geist,** die Geister
die **Geisterstunde,** die Geisterstunden
gelb
das **Gemüse,** die Gemüse
das **Geräusch,** die Geräusche
gesalzen
das **Geschenk,** die Geschenke
die **Geschichte,** die Geschichten
das **Geschirr**
geschmückt
das **Gespenst,** die Gespenster

gesund

das **Getränk**, die Getränke

gießen, du gießt

die **Giraffe**, die Giraffen

die **Glatze**, die Glatzen

das **Glöckchen**, die Glöckchen

die **Glocke**, die Glocken

glücklich

die **Gondel**, die Gondeln

der **Graben**, die Gräben

das **Gras**, die Gräser

grob

groß

die **Großeltern**

grün

der **Gruß**, die Grüße

gucken, du guckst

der **Gummibär**, die Gummibären

die **Gurke**, die Gurken

der **Gürtel**, die Gürtel

H

das **Haar**, die Haare

hacken, du hackst

der **Hahn**, die Hähne

der **Haken**, die Haken

der **Hammer**, die Hämmer

der **Hamster**, die Hamster

die **Hand**, die Hände

der **Handball**, die Handbälle

das **Handy**, die Handys

hängen, du hängst

hart

der **Hase**, die Hasen

hauen, du haust

das **Haus**, die Häuser

das **Häuschen**, die Häuschen

die **Haut**, die Häute

das **Heft**, die Hefte

heiß

heißen, du heißt

hell

das **Hemd**, die Hemden

der **Herbst**

das **Herz**, die Herzen

hetzen, du hetzt

heute

der **Himmel**, die Himmel

hinter

der **Hocker**, die Hocker

die **Höhle**, die Höhlen

hören, du hörst

die **Hose**, die Hosen

der **Hubschrauber**, die Hubschrauber

der **Hund**, die Hunde

hundert

hungrig

hüpfen, du hüpfst

der **Hut**, die Hüte

die **Hütte**, die Hütten

I

ich

die **Idee**, die Ideen

der **Igel**, die Igel

in

die **Information**, die Informationen

informieren, du informierst

innen

die **Insel**, die Inseln

das **Internet**

J

der **Jäger**, die Jäger

das **Jahr**, die Jahre

jetzt

K

das **Kabel,** die Kabel
der **Käfer,** die Käfer
das **Kalb,** die Kälber
kalt
das **Kaninchen,** die Kaninchen
das **Kaninchenfutter**
die **Kante,** die Kanten
die **Karte,** die Karten
die **Kasse,** die Kassen
die **Kastanie,** die Kastanien
die **Katze,** die Katzen
kaufen, du kaufst
der **Käufer,** die Käufer
die **Kerze,** die Kerzen
die **Kette,** die Ketten
der **Kiesel,** die Kiesel
das **Kind,** die Kinder
das **Kissen,** die Kissen
die **Kiste,** die Kisten
die **Klasse,** die Klassen
kleben, du klebst
kleckern, du kleckerst
das **Kleid,** die Kleider
klein
klug
die **Knete**
der **Koffer,** die Koffer
kommen, du kommst
der **König,** die Könige
können, du kannst
der **Kopf,** die Köpfe
der **Korb,** die Körbe
das **Korn,** die Körner
der **Kragenbär,** die Kragenbären
krank
das **Krankenhaus,** die Krankenhäuser
die **Krankenschwester,** die Krankenschwestern
das **Kreuz,** die Kreuze
kriechen, du kriechst
kriegen, du kriegst
die **Krone,** die Kronen
der **Kuchen,** die Kuchen
der **Kugelschreiber,** die Kugelschreiber
kühl
kurz

L

lachen, du lachst
die **Lampe,** die Lampen
das **Land,** die Länder
landen, du landest
lang
langsam
lassen, du lässt
die **Latzhose,** die Latzhosen
das **Laub**
laufen, du läufst
der **Läufer,** die Läufer
die **Laus,** die Läuse
leben, du lebst
lecker
das **Leder**
der **Lederball,** die Lederbälle
leicht
leise
die **Leiter,** die Leitern
der **Leopard,** die Leoparden
lesen, du liest
lieb
die **Liebe**
das **Lied,** die Lieder
die **Liege,** die Liegen
liegen, du liegst
die **Liste,** die Listen
loben, du lobst
die **Luft,** die Lüfte

der **Luftballon**, die Luftballons, die Luftballone

die **Lupe**, die Lupen

lustig

M

machen, du machst

das **Mädchen**, die Mädchen

malen, du malst

manche

der **Mann**, die Männer

die **Marke**, die Marken

die **Maus**, die Mäuse

meckern, du meckerst

der **Medizinball**, die Medizinbälle

das **Meer**, die Meere

das **Meersalz**

das **Messer**, die Messer

das **Mikroskop**, die Mikroskope

die **Milch**

mit

mitspielen, du spielst mit

der **Mittagsschlaf**

der **Mittsommer**, die Mittsommer

der **Mond**, die Monde

das **Moos**, die Moose

müde

der **Mund**, die Münder

die **Muschel**, die Muscheln

die **Muschelkette**, die Muschelketten

mutig

die **Mütze**, die Mützen

N

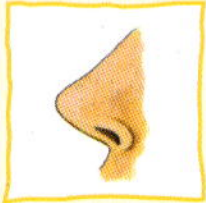

nach

nach Hause

die **Nacht**, die Nächte

die **Nadel**, die Nadeln

der **Nagel**, die Nägel

der **Name**, die Namen

die **Nase**, die Nasen

der **Nasenbär**, die Nasenbären

nass

das **Netz**, die Netze

neu

neugierig

neun

nicht

das **Nilpferd**, die Nilpferde

die **Nudel**, die Nudeln

die **Nuss**, die Nüsse

O

ob

das **Obst**

der **Ofen**, die Öfen

das **Ohr**, die Ohren

der **Onkel**, die Onkel

ordnen, du ordnest

Ostern

P

das **Paket**, die Pakete

die **Palme**, die Palmen

der **Panther**, die Panther

der **Papagei**, die Papageien

das **Papier**, die Papiere

der **Papierflieger**, die Papierflieger

der **Park**, die Parks

passieren, es passiert

die **Pause**, die Pausen

petzen, du petzt

die **Pfanne**, die Pfannen

der **Pfannkuchen**, die Pfannkuchen

pfeifen, du pfeifst

das **Pferd**, die Pferde
der **Pfleger**, die Pfleger
die **Pfütze**, die Pfützen
picken, du pickst
der **Pinsel**, die Pinsel
der **Pirat**, die Piraten
der **Platz**, die Plätze
plötzlich
plump
der **Po**, die Pos
die **Puppe**, die Puppen

Q

die **Qualle**, die Quallen
der **Qualm**
qualmen, du qualmst
der **Quark**
das **Quartett**, die Quartetts, die Quartette
der **Quatsch**
quatschen, du quatschst
die **Quelle**, die Quellen
quellen, du quillst
quieken, du quiekst
der **Quirl**, die Quirle
quirlen, du quirlst

R

der **Rabe**, die Raben
das **Rad**, die Räder
der **Ranzen**, die Ranzen
rasen, du rast
der **Rat**, die Räte
die **Ratte**, die Ratten
rauben, du raubst
der **Räuber**, die Räuber
der **Raum**, die Räume
die **Raupe**, die Raupen
rauschen, du rauschst
das **Regal**, die Regale
der **Regen**
reich
reif
reißen, du reißt
rennen, du rennst
der **Rest**, die Reste
riechen, du riechst
der **Riese**, die Riesen
der **Ring**, die Ringe
das **Ringlein**, die Ringlein
der **Rock**, die Röcke
die **Rose**, die Rosen
rot
der **Rucksack**, die Rucksäcke
rufen, du rufst
rund
rupfen, du rupfst

S

der **Sack**, die Säcke
das **Salz**, die Salze
die **Salzbrezel**, die Salzbrezeln
salzig
die **Salzstange**, die Salzstangen
sammeln, du sammelst
der **Sand**, die Sande
die **Sandburg**, die Sandburgen
der **Satz**, die Sätze
sauer
saugen, du saugst
der **Säugling**, die Säuglinge
der **Schatten**, die Schatten
der **Schatz**, die Schätze
die **Schaufel**, die Schaufeln
die **Schaukel**, die Schaukeln
schenken, du schenkst
schicken, du schickst
das **Schiff**, die Schiffe

der **Schirm,** die Schirme
der **Schlafanzug,** die Schlafanzüge
schlafen, du schläfst
das **Schlaflied,** die Schlaflieder
die **Schlange,** die Schlangen
das **Schlangenhaus,** die Schlangenhäuser
schlau
der **Schlauch,** die Schläuche
schleichen, du schleichst
schlurfen, du schlurfst
der **Schlüssel,** die Schlüssel
schmal
schmeißen, du schmeißt
schmelzen, du schmilzt
die **Schnecke,** die Schnecken
der **Schnee**
der **Schneeball,** die Schneebälle
die **Schneeflocke,** die Schneeflocken
das **Schneeglöckchen,** die Schneeglöckchen
der **Schneehase,** die Schneehasen
der **Schneemann,** die Schneemänner
die **Schneeschaufel,** die Schneeschaufeln
schnell
schön
der **Schrank,** die Schränke
die **Schranke,** die Schranken
schreiben, du schreibst
der **Schreiber,** die Schreiber
die **Schreibschrift,** die Schreibschriften
der **Schreibtisch,** die Schreibtische
schreien, du schreist
die **Schule,** die Schulen
die **Schwalbe,** die Schwalben
schwarz
schweben, du schwebst
das **Schwein,** die Schweine

der **Schweiß**
schwer
die **Schwester,** die Schwestern
sechs
sechzehn
der **See,** die Seen
der **Seestern,** die Seesterne
das **Segel,** die Segel
das **Segelflugzeug,** die Segelflugzeuge
sehen, du siehst
sehr
das **Seil,** die Seile
das **Sieb,** die Siebe
sieben
der **Sieg,** die Siege
siegen, du siegst
der **Sieger,** die Sieger
singen, du singst
sitzen, du sitzt
der **Sohn,** die Söhne
die **Sommerferien**
die **Sonne,** die Sonnen
spannend
der **Spaß,** die Späße
spät
spielen, du spielst
der **Spieler,** die Spieler
der **Spielplatz,** die Spielplätze
die **Spielsachen**
das **Spielzeug**
die **Spinne,** die Spinnen
spitz
der **Sport**
springen, du springst
der **Sprung,** die Sprünge
spuken, du spukst
der **Stab,** die Stäbe
der **Stall,** die Ställe
die **Stange,** die Stangen
stark
der **Staub**

staunen, du staunst
der **Steckbrief**, die Steckbriefe
stehen, du stehst
steigen, du steigst
der **Stein**, die Steine
der **Stempel**, die Stempel
der **Stiefel**, die Stiefel
der **Stift**, die Stifte
die **Stimme**, die Stimmen
stinken, du stinkst
der **Stock**, die Stöcke
stolpern, du stolperst
der **Storch**, die Störche
der **Strand**, die Strände
der **Strandkorb**, die Strandkörbe
der **Strauch**, die Sträucher
der **Streich**, die Streiche
streiten, du streitest
die **Stube**, die Stuben
die **Stubenfliege**, die Stubenfliegen
die **Stunde**, die Stunden
der **Sturm**, die Stürme
stürzen, du stürzt
suchen, du suchst
die **Suppe**, die Suppen
süß

T

die **Tafel**, die Tafeln
der **Tag**, die Tage
die **Tanne**, die Tannen
die **Tante**, die Tanten
die **Tasche**, die Taschen
die **Tasse**, die Tassen
die **Tatze**, die Tatzen
die **Taube**, die Tauben
tauchen, du tauchst
der **Teich**, die Teiche
telefonieren, du telefonierst
der **Teller**, die Teller
teuer
tief
das **Tier**, die Tiere
der **Tiger**, die Tiger
tippen, du tippst
der **Tisch**, die Tische
die **Tochter**, die Töchter
der **Torf**, die Torfe
die **Traube**, die Trauben
der **Traum**, die Träume
träumen, du träumst
traurig
die **Treppe**, die Treppen
der **Tresor**, die Tresore
die **Trommel**, die Trommeln
das **Tuch**, die Tücher
der **Turm**, die Türme

U

über
überall
die **Uhr**, die Uhren
das **Ungeheuer**, die Ungeheuer
unser
der **Unsinn**
unter
unternehmen, du unternimmst
der **Urlaub**, die Urlaube

V

der **Vampir**, die Vampire
die **Vase**, die Vasen
der **Vater**, die Väter
das **Veilchen**, die Veilchen
der **Verdacht**, die Verdachte, die Verdächte
vergraben, du vergräbst
verquirlen, du verquirlst

versalzen, du versalzt
verschlafen, du verschläfst
das **Versteck**, die Verstecke
verstecken, du versteckst
das **Video**, die Videos
viel
vielleicht
vier
vierundzwanzig
vierzehn
der **Vogel**, die Vögel
das **Vogelhaus**, die Vogelhäuser
von
vor
der **Vorrat**, die Vorräte
vorsichtig
der **Vulkan**, die Vulkane

W

die **Waage**, die Waagen
der **Wagen**, die Wagen, die Wägen
der **Wald**, die Wälder
die **Wand**, die Wände
wann
warm
warum
was
das **Wasser**, die Wasser, die Wässer
das **Wasserflugzeug**, die Wasserflugzeuge
der **Wasserhahn**, die Wasserhähne
das **Wasserrad**, die Wasserräder
der **Wecker**, die Wecker
der **Weg**, die Wege
wegfliegen, du fliegst weg
weich
Weihnachten
weinen, du weinst
weiß
weit
die **Welle**, die Wellen
die **Welt**, die Welten
wer
wertvoll
der **Wettbewerb**, die Wettbewerbe
wieder
die **Wiege**, die Wiegen
wiegen, du wiegst
die **Wiese**, die Wiesen
das **Wiesel**, die Wiesel
wild
das **Wildschwein**, die Wildschweine
wir
wissen, du weißt
die **Wolke**, die Wolken
die **Wolle**, die Wollen
wollen, du willst
das **Wort**, die Wörter, die Worte
wünschen, du wünschst

Z

der **Zahn**, die Zähne
zanken, du zankst
der **Zaun**, die Zäune
der **Zeh**, die Zehen
zehn
das **Zelt**, die Zelte
die **Ziege**, die Ziegen
ziehen, du ziehst
das **Zimmer**, die Zimmer
der **Zirkusbär**, die Zirkusbären
der **Zoo**, die Zoos
der **Zopf**, die Zöpfe
der **Zug**, die Züge
zu Hause
zwei
der **Zweig**, die Zweige
zwischen
zwölf

Fachbegriffe

Adjektiv

- *klein*, das *kleine* Kind
- *groß*, der *große* Hund

Adjektive sind Wörter, die man zwischen Artikel und Nomen setzen kann. Sie geben an, wie jemand oder etwas ist. Adjektive kann man verändern. Die Form ohne Endung ist die Grundform.

→ 32, 75

Artikel

- *der, die, das*
- *ein, eine*

Zu jedem Nomen gibt es einen passenden Begleiter. Man nennt ihn Artikel. Es gibt bestimmte und unbestimmte Artikel.

→ 19, 39

Aufforderungssatz und Ausrufezeichen

- *Hol bitte die Puppe!*
- *Pass auf!*

Am Ende eines Aufforderungssatzes steht oft ein Ausrufezeichen.

→ 69

Aussagesatz und Punkt

- *Der Igel rennt weg.*
- *Er sucht seine Höhle.*

Am Ende eines Aussagesatzes steht ein Punkt. Am Anfang eines Satzes schreibt man groß.

→ 26, 27

Doppellaut

- *ei, eu, au*

Ein Doppellaut ist aus zwei Selbstlauten zusammengesetzt.

→ 25

Einzahl und Mehrzahl

- *der Stift, die Stifte*
- *die Ente, die Enten*
- *das Kind, die Kinder*

Nomen gibt es in der Einzahl und in der Mehrzahl.

→ 18

Endung

- *Stift**e**, Ent**en***
- *wir spiel**en**, er spiel**t***
- *das alt**e** groß**e** Haus, heiß**es** Wasser*

Nomen, Verben und Adjektive kann man verändern. Der Wortstamm bleibt gleich. Was beim Verändern hinzugefügt wird, nennt man Endung.

→ 55, 75

Fragesatz und Fragezeichen

- *Wo ist der Igel?*
- *Weißt du es?*

Am Ende eines Fragesatzes steht ein Fragezeichen.

→ 56

Grundform

- *Stift, Ente, Kind*
- *spielen, singen, sagen*
- *alt, weich, groß*

Nomen, Verben und Adjektive kann man verändern. Im Wörterbuch stehen Wörter in der Grundform.

54, 75

Mitlaut

- *b, c, d, f, g, h, j, k, l, m, n, p, q, r, s, t, v, w, x, y, z*

Alle Buchstaben, die keine Selbstlaute (Vokale) sind, heißen Mitlaute (Konsonanten).

25

Nomen

- *der Ball – die Bälle*
- *die Stunde – die Stunden*
- *das Kind – die Kinder*

Wörter, für die es eine Einzahl und eine Mehrzahl gibt, nennt man Nomen. Zu jedem Nomen gibt es einen passenden Artikel. Nomen schreibt man mit einem großen Anfangsbuchstaben.

18, 19, 20

Selbstlaut

- *a, e, i, o, u, ä, ö, ü*

Selbstlaute sind besondere Buchstaben. Man nennt sie auch Vokale. Auch Umlaute sind Vokale.

12, 25, 42

Silbe

- *Kind*
- *Kinder*
- *arbeiten*
- *Geisterstunde*

Ein Wort kann aus einer oder aus mehreren Silben bestehen. Viele Wörter haben zwei Silben. Jede Silbe braucht einen Selbstlaut.

33, 42

Umlaut

- *ä, ö, ü*

Umlaute sind besondere Selbstlaute.

25

Verb

- ***spielen** – wir spielen, er spielt, du spielst*

Wörter, vor die man *wir* setzen kann, heißen Verben. Verben kann man verändern. Die *wir*-Form ist die Grundform von Verben.

24, 54, 55

Wortfamilie

- ***spielen:** Spielplatz, Spieler, mitspielen, …*

Wörter, die denselben Wortstamm haben, gehören zu einer Wortfamilie.

38

Wortfeld • ***gehen:*** *gehen, spazieren, rennen, schlendern, …*	Wörter, die ähnliche Bedeutung haben, bilden ein Wortfeld.	104
Wortstamm • ***spiel**en, **Spiel**platz, **Spiel**er, …*	Der Wortstamm ist der Wortteil, der bei den Wörtern einer Wortfamilie gleich ist.	38
zusammengesetztes Nomen • *der Baum, das Haus – das Baumhaus* • *der Fisch, das Futter – das Fischfutter*	Aus zwei Nomen kann man ein zusammengesetztes Nomen bilden.	46, 111
Zwielaut • *ei, eu, au*	Zwielaut ist ein anderes Wort für Doppellaut.	25

Wörter richtig schreiben

Doppelte Mitlaute • Spinne	Nach einem kurzen Selbstlaut folgen mindestens zwei Mitlaute. Hörst du nach einem kurzen Selbstlaut nur einen Mitlaut, dann verdopple ihn beim Schreiben, damit du wieder zwei hast.	42, 47
Umlaut • *e* oder *ä?*	Bilde die Einzahl, um zu entscheiden, ob man ein Nomen mit *e* oder mit *ä* schreibt.	100
Verlängern • *d* oder *t* am Ende? • *b* oder *p* am Ende? • *g* oder *k* am Ende?	Wenn du ein Wort verlängerst, kannst du hören, was man am Ende schreiben muss. Bilde bei Nomen zum Verlängern die Mehrzahl. Setze Adjektive zum Verlängern vor ein Nomen. Bilde bei Verben die *wir*-Form.	34, 48, 88
Wörter mit *qu* am Anfang	Du hörst *kw,* aber du schreibst *qu.*	107
Wörter mit *st* und *sp* am Anfang	Du hörst *scht* und *schp,* aber du schreibst *st* und *sp.*	63
Wörter mit *v* am Anfang	*V* klingt manchmal wie *w,* manchmal wie *f.* Wörter mit *v* musst du dir besonders merken.	88

Arbeitstechniken

abschreiben 	Richtig abschreiben heißt: abschreiben, überprüfen und verbessern.	10, 11
Elfchen schreiben 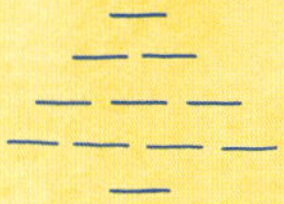	Mit einem Elfchen kannst du deine Gefühle auf besondere Art ausdrücken. Du schreibst nur elf Wörter. In die erste Zeile schreibst du ein Wort, in die zweite Zeile schreibst du zwei Wörter, in die dritte Zeile drei Wörter, in die vierte Zeile vier Wörter und in die letzte Zeile schreibst du wieder nur ein Wort.	86
Gedichte auswendig lernen 	Es ist schön, wenn du Gedichte auswendig kannst. Zuerst lies das ganze Gedicht leise, dann lies es laut. Denke dir zu ein oder zu zwei Zeilen eine Bewegung, ein Geräusch oder ein Bild. Achte auf den Reim. Präge dir die Zeilen ein. Mache es mit den nächsten Zeilen genauso, bis du das ganze Gedicht auswendig kannst.	53
Ideensammlung 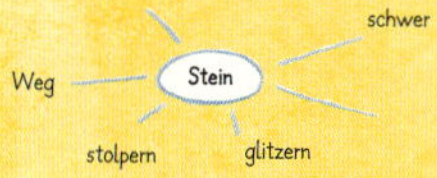	Wörter, die dir zu einem bestimmten Wort einfallen, kannst du in einer Ideensammlung aufschreiben. Das hilft dir dabei, eine gute Geschichte aufzuschreiben.	60
Partnerdiktat 	So kannst du zusammen mit einem anderen Kind richtig schreiben üben.	21
Schleichdiktat 	So kannst du allein richtig schreiben üben.	29
Schmuckblatt gestalten 	Lass deinen Text auf Rechtschreibfehler überprüfen. Überlege, wie du den Text auf dem Blatt anordnen möchtest. Schreibe deinen Text Zeile für Zeile in deiner schönsten Schrift ab. Gestalte das Blatt mit passenden Farben, Mustern oder Bildern.	87
Wörter in der Wörterliste oder im Wörterbuch finden 	In der Wörterliste kannst du nachschlagen, wie Wörter geschrieben werden. In der Wörterliste sind die Wörter zuerst nach dem Anfangsbuchstaben geordnet, dann nach dem zweiten, dann nach dem dritten. In der Wörterliste und im Wörterbuch stehen die Wörter immer in der Grundform.	9

Kapitelname	Sprache betrachten/reflektieren	Rechtschreiben	schriftliches Sprachhandeln	mündliches Sprachhandeln	Übungsseiten
Abc S. 6–13	Abc-Reihen bilden **(8)** begriffliche Einführung: Selbstlaut/Vokal **(12)**	Wörter nachschlagen **(9)** richtig abschreiben, überprüfen, verbessern **(10)**, **(11)**	Wörter zu Bildern richtig aufschreiben **(9)**, **(11)**, **(12)** ein Abc selber schreiben **(13)**	vom Umgang mit dem Abc erzählen **(6)** Spielregeln formulieren **(7)** Abc-Gedicht **(8)**	Abc, nachschlagen, Wörter nach dem 1. und 2. Buchstaben ordnen, Abschreibtext zum Üben der Abschreibtechnik **(13)**
Ich und die anderen S. 14–21	begriffliche Einführung: Einzahl/Mehrzahl **(18)** Artikel **(19)** Nomen **(19)** Großschreibung von Nomen **(20)**	Wortanfänge mit *f*, *w* **(18)** Großschreibung von Nomen **(20)** Partnerdiktat **(21)**	sich beschreiben: Steckbrief **(14)** Klassenkorrespondenz **(16)** Tagebuch **(16)** Vereinbarungen, Regeln **(17)** Texte präsentieren **(14)**, **(15)**, **(17)**	Steckbriefe vorstellen, Gemeinsamkeiten/Unterschiede herausfinden **(15)** Regeln und Vereinbarungen finden **(17)**	Partnerdiktat, Nomen, Wörter alphabetisch ordnen, Abschreibtext zum Üben des Partnerdiktats **(21)**
Herbst S. 22–29	begriffliche Einführung: Verben **(24)** Umlaut, Mitlaut/Konsonant **(25)** Aussagesatz/Punkt **(26)** Doppellaute/Zwielaute **(25)** Sätze in richtige Reihenfolge bringen **(26)**, **(28)** Satzanfänge und Satzgrenzen **(27)**	Wörter mit Umlauten, Doppellauten (Zwielauten) **(25)** Großschreibung von Satzanfängen **(27)** Wortanfänge *p/b*, *g/k* und *d/t* **(28)** Schleichdiktat **(29)**	Herbstwörter sammeln, ordnen **(23)** Akrostichon, Wörterturm schreiben **(23)** eine Bastelanleitung in die richtige Reihenfolge bringen **(26)** einen Spaßsatz finden **(27)**, **(28)**	zu einem Bild erzählen **(22)**, **(23)** von Herbstaktivitäten erzählen **(22)** Verben pantomimisch darstellen **(24)** akustische Analyse von Anlauten **(28)**	Schleichdiktat, Verben, Umlaute, Satzanfänge und Punkte, Abschreibtext zum Üben des Schleichdiktats **(29)**
Gespenster S. 30–35	begriffliche Einführung: Adjektiv **(32)** Silbe **(33)** Gegensatzpaare **(30)**, **(31)**, **(35)**	Silben **(33)** Verlängerung: Auslautverhärtung *d* und *t* bei Nomen **(34)**	beschreiben: ein Rätsel formulieren **(31)** Treppengedicht **(32)**	zu einem Bild erzählen **(30)** Unterschiede beschreiben **(30)** Silben sprechen **(33)**	Gegensätze, Adjektive, Auslautverhärtung, Silben, Abschreibtext zum Üben von Partner-/Schleichdiktat, Abschreibtechnik **(35)**
Familien S. 36–43	begriffliche Einführung: langer/kurzer Selbstlaut **(42)** Wortstamm **(38)** Wortfamilie **(38)** bestimmte, unbestimmte Artikel **(39)** lange/kurze Selbstlaute unterscheiden und markieren, offene/geschlossene Silbe **(42)**	Wortstamm, Wortfamilie **(38)** Mitlautverdopplung anbahnen: lange/kurze Selbstlaute unterscheiden und markieren, offene/geschlossene Silbe **(42)**	Entschuldigung schreiben, Gebrauchsformeln **(40)** zu einer Bildergeschichte schreiben **(40)** Einladung schreiben: wichtige Daten, Gebrauchsformeln **(41)**	über Familien sprechen **(36)**, **(37)** Stammbaum, Verwandtschaften erklären **(38)** Bildergeschichte folgerichtig erzählen **(40)** Gesprächssituationen: Streit, Entschuldigung **(40)** kurze/lange Selbstlaute akustisch unterscheiden **(42)**	Wortfamilien, Wortstamm, Wortarten unterscheiden, Silben, kurze und lange Selbstlaute, Abschreibtext **(43)**
Große Tiere – kleine Tiere S. 44–49	Sätze in richtige Reihenfolge bringen **(46)** Komposita: Nomen **(46)** Mitlautverdopplung **(47)**	Satzanfänge **(46)** Mitlautverdopplung **(47)** Verlängerung: Auslautverhärtung *b/p*, *g/k* bei Nomen **(48)** Anlautverbindungen *br*, *dr*, *gr* **(48)** Großschreibung Nomen üben **(48)**	ein Tier beschreiben **(45)**, **(46)** aus Stichwörtern einen Tiersteckbrief erstellen **(45)**, **(46)** Informationen in die richtige Reihenfolge bringen **(46)**	Informationen einholen, zusammentragen, ordnen, ausstellen **(44)**, **(45)** Ergebnisse präsentieren **(44)**, **(45)**	Mitlautverdopplung, nachschlagen und überprüfen, Komposita, Adjektive, Gegensatzpaare, Sätze bilden, Abschreibtext **(49)**
Winter S. 50–57	begriffliche Einführung: Grundform und Endung (Verb) **(54)**, **(55)** Fragesatz, Fragezeichen **(56)** Sätze in richtige Reihenfolge bringen **(52)** Personalformen *ich*, *du*, *er*, *wir*, flektierte Verbformen **(54)**, **(55)** Komposita (Nomen) üben **(57)**	Sätze ordnen **(52)** Schreibung von Wochentagen **(54)** Fragesätze bilden **(56)**	Rezept in die richtige Reihenfolge bringen **(52)** sachbezogene Fragen stellen **(56)**	Bild kritisch betrachten **(50)** Jahreszeiten dem Kalender zuordnen **(50)**, **(51)** ein Gedicht lernen **(53)** sachbezogene Fragen stellen **(56)**	Verbformen und Personalformen, Wortstamm und Endung, Komposita: Nomen, Rätselsätze selber schreiben, Abschreibtext **(57)**
Geschichten erzählen und spielen S. 58–63	Sätze verkürzen **(61)** Spaßsätze bilden **(63)** Wörter ordnen **(63)**	Schreibung von *und* **(61)** *st/sp*: Unterschied Sprechen und Schreiben **(63)** *st/sp* nachschlagen **(63)**	Textplanungs- und Präsentationstechniken **(58)**, **(59)**, **(60)** Ideensammlung (Cluster) **(60)** eine Geschichte weitererzählen **(61)** stilistisches Überarbeiten von Texten: *und* **(61)**	Textplanungs- und Präsentationstechniken **(58)**, **(59)**, **(60)** Geschichte weitererzählen **(61)** Dialog ausdenken, spielen **(62)** Betonung, Veränderung der Stimme **(62)**	Ideensammlung, selbst geschriebene Wörter nachschlagen und überprüfen, Wortarten unterscheiden, Wörter mit *st/sp*, Wörter mit *st/sp* nachschlagen, Spaßsätze mit *st/sp*, [illegible]